GR®34

GR®340

GW01417379

Le littoral et les îles du Morbihan

FFRandonnée

www.ffrandonnee.fr

association reconnue d'utilité publique
14, rue Riquet
75019 PARIS

Sommaire

La Côte sauvage. Photo Yvon Boëlle.

La Couvertoirade

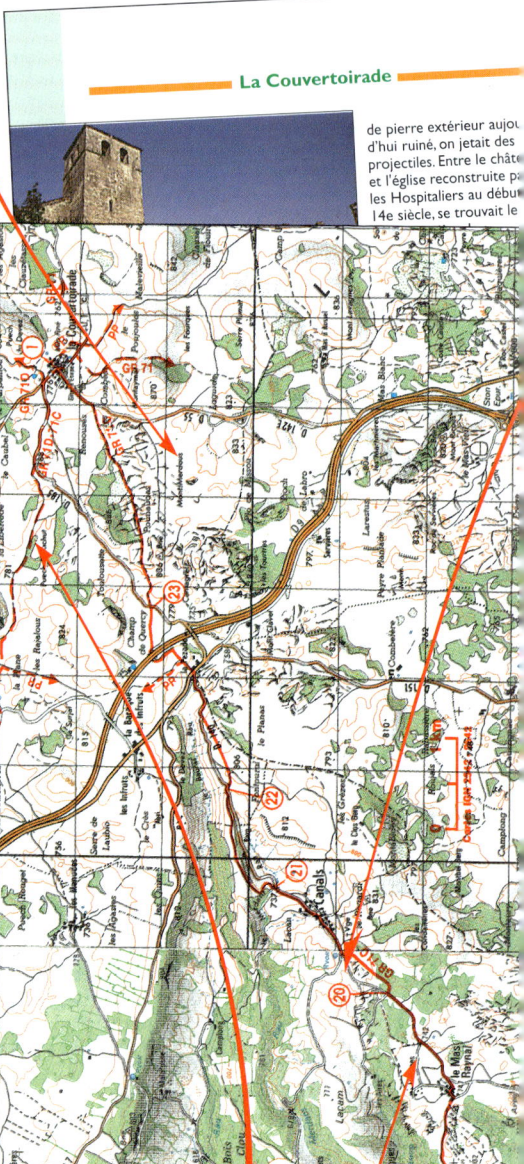

de pierre extérieur aujou
d'hui ruiné, on jetait des
projectiles. Entre le châte
et l'église reconstruite pa
les Hospitaliers au début
14e siècle, se trouvait le

Pour comprendre la carte IGN

Courbes de niveau
Altitude • 974

Les courbes de niveau
Chaque courbe est une ligne (figurée en orange) qui joint tous les points d'une même altitude. Plus les courbes sont serrées sur la carte, plus le terrain est pentu. A l'inverse, des courbes espacées indiquent une pente douce.

Route	
Chemin	
Sentier	
Voie ferrée, gare	
Ligne à haute tension	
Cours d'eau	
Nappe d'eau permanente	
Source, fontaine	
Pont	
Eglise	
Chapelle, oratoire	
Calvaire	
Cimetière	
Château	
Fort	
Ruines	
Dolmen, menhir	
Point de vue	

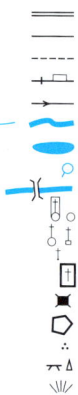

D'après la légende de la carte IGN au 1 : 50 000.

Les sentiers de Grande Randonnée® décrits dans ce topo-guide sont **tracés en rouge** sur la carte IGN au 1 : 50 000 (**1 cm = 500 m**).

La plupart du temps, **les cartes sont orientées Nord-Sud** (le Nord est en haut de la carte). Sinon, la direction du Nord est indiquée par une flèche rouge.

Autres sentiers de Grande Randonnée® dans la région.

Sentier décrit.

des Sentiers de Grande Randonnée® ?

L'élevage ovin sur le larzac

Voici plus de quatre mille ans que l'homme commença d'élever des moutons, animaux parfaitement adaptés à ce milieu de pelouses sèches, d'herbe courte, d'absence d'eau courante. La présence des troupeaux a grandement marqué

L'élevage actuel

L'évolution s'est amorcée dans le dernier quart du 18e avec l'introduction des cultures fourragères. Les possédants étaient des hommes éclairés conscients des _____ à accomplir : produire une

Pour découvrir **la nature** et le patrimoine de la région.

Du Mas Raynal à Canals   `3 km` `45 mn`

A 2 km du Mas Raynal, la Sorgues coule au fond d'un aven, profond de 106 m. Martel l'explora en 1889.

Au **Mas Raynal**, emprunter la D 140 en direction de La Pezade.

20 Au niveau de l'embranchement des Aires, prendre à droite sur 500 m un chemin parallèle à la route. Suivre celle-ci jusqu'à **Canals**.

Description précise du sentier de Grande Randonnée®.

Quelques infos touristiques

De Canals à La Pezade   `1 km` `1 h`

Vestiges de fortifications, église du 18e siècle.

De **Canals**, continuer sur la D 140 sur 500 m.

21 Après le pont sur un ruisseau, obliquer à gauche sur un chemin montant qui se poursuit sur la crête. Retrouver la route.

22 Après quelques mètres, obliquer à droite sur un chemin parallèle. Emprunter à nouveau la route pour arriver à **La Pezade**.

Le Hors GR est un itinéraire, généralement **non balisé**, qui permet de rejoindre un hébergement, un moyen de transport, un *point de ravitaillement. Il est indiqué en tirets sur la carte.*

Hors GR pour **Les Infruts** : `1 km` `15 mn`
Aux Infruts :
Suivre la N 9 vers le Nord.

Pour savoir **où manger, dormir, acheter des provisions, se déplacer en train ou en bus, etc.**

(voir le tableau et la liste des hébergements et commerces).

De La Pezade à La Couvertoirade   `4 km` `1 h 15`

À *La Couvertoirade* :

A l'entrée du hameau de **La Pezade**, traverser la N 9 et prendre en face un chemin creux en direction de l'autoroute. Continuer tout droit jusqu'à la clôture, suivre celle-ci sur la gauche. Emprunter le passage souterrain et rejoindre la D 185. La traverser

23 Obliquer sur un chemin bordé de murets et de haies de buis en direction de **La Couvertoirade**.

Couleur du **balisage**.

45

Le temps de marche pour aller de **La Pezade** à **La Couvertoirade** est de 1 heure et 15 minutes pour une distance de 4 km.

Informations pratiques

Quelques idées de randonnées

■ Les itinéraires décrits

Ce topo-guide décrit les itinéraires suivants :
- le GR® 34, de Lorient à Le Tour-du-Parc (271 km).

- le GR® 341, dans la presqu'île de Quiberon, de Plouharnel à Port-Goulom (38 km).
- le GR® 340, Tour de Belle-Ile (72 km)
- 21 circuits de promenade et randonnée

■ Quelques suggestions

Nous avons sélectionné pour vous quelques circuits pour randonner le temps d'un week-end.

Deux jours

L'Ile de Groix
Premier jour : autour de Port Tudy par les Grands Sables, le Trou de l'Enfer, 20 km
Deuxième jour : autour de Port Tudy par Port-Saint-Nicolas et Pen Men, 20 km
Voir p. 77

Trois jours

La presqu'île de Rhuys
Premier jour : *bus de Vannes à l'AJ de Séné*. De Séné à Noyalo, 13 km

Trois jours

Deuxième jour : de Noyalo à Sarzeau, 26 km
Troisième jour : de Sarzeau à Arzon, 20 km. *Retour en bus à Vannes. Voir pp. 51 à 53*

D'Auray à Vannes
Premier jour : d'Auray à Baden, 18 km
Deuxième jour : de Baden à Port Blanc, 18 km
Troisième jour : de Port Blanc à Arradon, 12 km
Quatrième jour : d'Arradon à Vannes, 18 km
Voir pp. 39 à 47

Quatre jours

Le balisage des itinéraires (voir illustration ci-contre)

Les sentiers GR® 34, 340 et 341 sont balisés en blanc et rouge.
A partir de Kerhéré (Locmariaquer) et jusqu'au port du Crouesty (Arzon), le balisage du GR® est commun avec les bornes de jalonnement de l'itinéraire du *Tour du Golfe du Morbihan* mis en place par le

Conseil général du Morbihan (Service des Espaces naturels sensibles).

Les sentiers de promenade et randonnée (PR) sont balisés de différentes couleurs, précisées dans la fiche pratique de chaque circuit.

Avant de partir...

■ Période conseillée, météo

• Les itinéraires décrits dans ce topo-guide peuvent être parcourus en toutes saisons. Cependant, en hiver, les chemins sont souvent très boueux.
• Avant de partir, il est vivement recommandé de prendre connaissance des prévisions météorologiques

Info météo 32 50

■ Difficultés

Les GR® 34, 340 et 341 utilisent le plus souvent la servitude de passage en bord de mer (sentier du littoral) instaurée par la loi du 31 décembre 1976. Cette servitude

SUIVEZ LE BALISAGE POUR RESTER SUR LE BON CHEMIN.

LE BALISAGE DES SENTIERS	GR®	GRP®	PR®
Bonne direction			
Tourner à droite			
Tourner à gauche			
Mauvaise direction			

© Fédération Française de la Randonnée Pédestre - Reproduction interdite

Vous pourrez rencontrer d'autres couleurs de balisage sur le terrain. Elles sont indiquées dans la fiche pratique de chaque circuit.

Dessin Nathalie Locoste.

La randonnée : une passion *Fédé*ration

Des sorties-randos accompagnées, pour tous les niveaux, sur une journée ou un week-end : plus de 2850 associations sont ouvertes à tous, dans toute la France.

Un grand mouvement pour promouvoir et entretenir les 180 000 km de sentiers balisés. Vous pouvez vous aussi vous impliquer dans votre département.

FFRandonnée
www.ffrandonnee.fr

Des stages de formations d'animateurs de randonnées, de responsables d'association ou encore de baliseurs, organisés toute l'année.

Une garantie de sécurité pour randonner bien assuré, en toute sérénité, individuellement ou en groupe, grâce à la licence ou à la RandoCarte.

Pour connaître l'adresse du Comité de votre département, pour tout savoir sur l'actualité de la randonnée et découvrir la collection des topo-guides :

www.ffrandonnee.fr

Centre d'Information de la Fédération Française de la Randonnée Pédestre
14, rue Riquet 75019 Paris - Tél : 01 44 89 93 93
Ouvert du lundi au samedi de 10h à 18h.

s'applique à une bande de 3 m de large au-dessus du niveau des plus hautes mers. De nombreux aménagements (terrassement, pose de marches, etc.) ont été réalisés par la Direction Départementale de l'Equipement. Toutefois, le tracé de la servitude doit parfois contourner des propriétés par des routes. Si la mer n'est pas trop haute, on peut souvent couper par la plage. Il est alors nécessaire de connaître l'heure des marées, qui varie d'un jour à l'autre et suivant l'endroit où l'on se trouve : se renseigner en consultant le quotidien local.

■ Les temps de marche

Les temps de marche indiqués dans ce guide sont indicatifs. Ils correspondent à une marche effective d'un marcheur moyen. Attention ! Les pauses et les arrêts ne sont pas comptés.

• Pour les GR®, le rythme de marche est calculé sur la base de 4 km à l'heure.
• Pour les PR, le rythme de marche est calculé sur la base de 3 km à l'heure. Chacun adaptera son rythme de marche selon sa forme physique, la météo, le poids du sac, etc.

■ Modifications d'itinéraires

Le parcours correspond à la description qui est faite dans le topo-guide. Toutefois, dans le cas de modifications d'itinéraire, il faut suivre le nouveau balisage qui ne correspond plus alors à la description. Ces modifications sont disponibles auprès du Centre d'information de la Fédération Française de la Randonnée Pédestre (voir rubrique *Adresses utiles*).

Les renseignements fournis dans le topo-guide, ainsi que les jalonnements et balisages, n'ont qu'une valeur indicative, destinée à permettre au randonneur de trouver plus aisément son chemin. La responsabilité de la Fédération ne saurait donc être engagée.

Bien entendu le balisage n'est pas une finalité, mais un moyen d'assistance et d'initiation : son objectif est de permettre aux randonneurs, voire aux promeneurs, de se déplacer dans le milieu naturel sans autre aide que celle de la carte, de la boussole, d'un jalonnement des lieux-dits et des points remarquables du paysage.

■ Assurances

Le randonneur parcourt l'itinéraire décrit, qui utilise le plus souvent des voies publiques, à ses risques et périls. Il reste seul responsable, non seulement des accidents dont il pourrait être victime, mais des dommages qu'il pourrait causer à autrui tels que feux de forêts, pollutions, dégradations,...
Certains itinéraires empruntent des voies privées : le passage n'a été autorisé par le propriétaire que pour la randonnée pédestre exclusivement.
De ce qui précède, il résulte que le randonneur a intérêt à être bien assuré. La Fédération Française de la Randonnée Pédestre et ses associations délivrent une licence incluant une telle assurance.

Se rendre et se déplacer dans la région

■ SNCF

Gares TGV de Vannes, Auray et Lorient. Gare de Quiberon (navettes Auray-Quiberon *Tirebouchon* en juillet et Août). Renseignements SNCF 36 35.

■ Cars

• De Vannes à l'auberge de jeunesse de Séné : bus TIM, gare routière de Vannes, tél. 02 97 01 22 10.
• De Vannes à Port Navalo (Presqu'île de Rhuys : CTM, tél. 02 97 47 21 64

• De Vannes à Larmor-Baden et Baden : TTO Cariane, tél. 02 97 47 29 64 et Transports Cautru, tél. 02 97 47 22 86
• De Vannes à Belz par Auray : CTM, tél. 02 97 47 21 64
• De Vannes à Quiberon par Auray : TTO Cariane, tél. 02 97 47 29 64
• D'Auray à Locmariaquer et Quiberon via Carnac - La Trinité : Cars Le Bayon, tél. 02 97 24 26 20
• De Lorient à Belz et La Trinité : Autocar Etellois, tél. 02 97 55 51 43
• De Port-Louis à Auray : CTM, tél. 02 97 47 21 64

■ Bateaux
• Traversée de la Rade de Lorient : Vedette

Transrade Lorient - Port-Louis, tél. 02 97 33 40 55
• Belle-Ile :
- au départ de Quiberon : CMNN, tél. 02 97 50 06 90
- au départ de Vannes (en saison) : Navix, tél. 02 97 46 60 00
• Houat - Hœdic : au départ de Quiberon : C M N N, tél. 02 97 50 06 90
• Groix : au départ de Lorient : C M N N, tél. 02 97 64 77 64
• Ile d'Arz : au départ de Vannes (Conleau, près du parc d'exposition), tél. 06 08 32 81 14
• Ile-aux-Moines : départ de Port Blanc-en-Baden, tél. 02 97 26 31 45

Hébergements, restauration, commerces et services

■ Auberges de jeunesse

Pour tout renseignement complémentaire s'adresser à l' :
Association départementale des Auberges de Jeunesse, 41 rue Victor-Schœlcher, 565100 Lorient, tél. 02 97 37 11 65

■ Hôtels

Les hôtels sont très nombreux tout au long du parcours. Il est difficile d'en faire la liste et de la tenir à jour. Pour connaître les possibilités d'hébergement :
Comité départemental du tourisme PIBS-Kerino, allée Nicolas-Leblanc, BP 408, 56010 Vannes Cedex, tél. 02 97 54 06 56

■ Liste des hébergements
Pour faciliter la lecture, les hébergements sont cités dans le sens du parcours.

Sur le GR 34 et le GR 341

• Lorient (56100)
- Auberge de jeunesse, 41 rue Victor-Schoelcher (ouverte du 1er février au 24

septembre), tél. 02 97 37 11 65
- Plusieurs hôtels

• Plouhinec (56680)
Chambres d'hôtes. Renseignements : Gîtes de France, tél. 02 97 56 48 12

• Belz (56550)
Hôtels. Renseignements : SI, tél. 02 97 55 33 13 (point d'info saisonnier)
Chambres d'hôtes. Renseignements : Gîtes de France, tél. 02 97 56 48 12

• Erdeven (56410)
Plusieurs hôtels. Renseignements : OT, tél. 02 97 55 64 60

• Plouharnel (56340)
Plusieurs hôtels. Renseignements : SI, tél. 02 97 52 32 93
Chambres d'hôtes. Renseignements : Gîtes de France, tél. 02 97 56 48 12

• Carnac (56340)
Plusieurs hôtels. Renseignements : OT, tél. 02 97 52 13 52
Chambres d'hôtes. Renseignements : Gîtes de France, tél. 02 97 56 48 12

km	LOCALITÉS / RESSOURCES	Pages	Hôtel	Gîte d'étape	Chambre d'hôte	Camping	Ravitaillement	Restaurant	Cafés	Car	Gare
	LORIENT GR 34	21	•	•		•	•	•	•	•	•
13	PLOUHINEC (Hors GR)	21	•		•	•	•	•	•	•	
13	BELZ (Hors GR)	25	•		•	•	•	•	•	•	
10	ERDEVEN (Hors GR)	29	•			•	•	•	•	•	
11	PLOUHARNEL	29	•		•	•	•	•	•	•	•
14	CARNAC	31	•		•	•	•	•	•	•	
10	LA TRINITÉ-SUR-MER	31	•			•	•	•	•	•	
12	LOCQMARIAQUER (diverticule)	35	•		•	•	•	•	•	•	
	LA TRINITÉ-SUR-MER	31	•			•	•	•	•	•	
5	CRAC'H	39	•	•	•	•	•	•	•	•	
10	AURAY	39	•			•	•	•	•	•	•
5	LE BONO	39	•			•	•	•	•		
13	BADEN (Hors GR)	43	•			•	•	•	•	•	
9	LARMOR-BADEN	43	•	•		•	•	•	•	•	
8	PORT-BLANC	43				•					
11,5	ARRADON (Hors GR)	47	•			•	•	•	•	•	
18	VANNES	47	•			•	•	•	•	•	•
15	SÉNÉ	51	•	•	•	•	•	•	•	•	
13	NOYALO	51			•	•	•	•	•	•	
26	SARZEAU	53	•	•		•	•	•	•	•	
20	ARZON	55	•	•		•	•	•	•	•	
23	SAINT-GILDAS-DE-RHUYS	55	•		•	•	•	•	•	•	
27,5	LE TOUR DU PARC	61	•			•	•	•	•		
	PLOUHARNEL GR 341	63	•		•	•	•	•	•	•	•
32	QUIBERON	67	•	•		•	•	•	•	•	•
	LE PALAIS GR 340	69	•	•	•	•	•	•	•	•	
12	SAUZON	69	•	•	•	•	•	•	•	•	
	LOCMARIA (Hors GR)	75	•	•	•	•	•	•		•	
15	LE PALAIS	75	•	•	•	•	•	•	•	•	
	ILE DE GROIX (PORT-TUDY) PR 1	77	•	•		•	•	•	•		
	ILE D'HOUAT PR 4	85	•					•	•		
	ILE D'HŒDIC PR 5	87		•				•	•		

🏨 Hôtel 🏠 Gîte d'étape 🛏 Chambre d'hôte ⛺ Camping
🛒 Ravitaillement 🍴 Restaurant ☕ Cafés 🚌 Car 🚉 Gare

• La Trinité-sur-Mer (56470)
Hôtels. Renseignements : OT, tél. 02 97 55 72 21

• Crac'h (56950)
Gîte d'étape, M. Dréan, à Kéraric, tél. 02 97 56 31 26

• Auray (56400)
Nombreux hôtels. Renseignements : OT, tél. 02 97 24 09 75

• Le Bono (56400)
Hôtels : renseignements : Point d'info saisonnier, tél. 02 97 57 91 34

• Baden (56870)
- Hôtel-restaurant Le Gavrinis, tél. 02 97 57 00 82
- Hôtel-restaurant Le Toul Broch, tél. 02 97 57 01 21

• Larmor-Baden (56870)
Hôtels : renseignements : Point d'info saisonnier, tél. 02 97 57 24 65

• Ile de Berder (56870 Larmor-Baden)
Centre Loisirs Vacances Tourisme, tél. 02 97 57 03 74

• Port-Blanc (56870 Baden)
- Chambres d'hôtes, M. Guillemot, les Quatre-Chemins, route de Port Blanc, tél. 02 97 57 16 69 ou 06 14 05 44 15
- Chambres d'hôtes, Mme Hervieu, route de Port Blanc, tél. 02 97 57 16 83

• Arradon (56610)
- Hôtel-restaurant Le Beau Rivage, tél. 02 97 44 01 42
- Hôtel-restaurant Les Venetes, tél. 02 97 44 85 85

• Sené (56860)
Cente international de séjour, route de Moustérian, tél. 02 97 66 94 25

• Noyalo (56450)
- Chambres d'hôtes à Quelennec. Renseignements : Gîtes de France, tél. 02 97 56 48 12

• Sarzeau (56370)
Gîte d'étape, M. et Mme Le Goff, Quintin, tél. 02 97 26 42 54

• Arzon (56640)
Gîte d'étape, Tumiac, Les Ateliers du Moulin Vert, 35 places, tél. 02 97 53 70 05

• Saint-Gildas-de-Rhuys (56730)
Hôtels. Renseignements : Point d'information saisonnier, tél. 02 97 45 31 45
Chambres d'hôtes. Renseignements : Gîtes de France, tél. 02 97 56 48 12

• Le Tour-du-Parc (56370) : hôtel La Croix du Sud, tél. 02 97 67 42 64

• Quiberon (56170)
- Auberge de jeunesse, Les Filets bleus, 45, rue du Roc'h Priol (du 1er mai au 30 septembre), tél. 02 97 50 15 54
- Plusieurs hôtels : renseignements : Office de tourisme, tél. 02 97 50 07 84

sur le GR 340 (Belle-Île-en-Mer)

• Le Palais (56360)
- Village vacances familles, tél. 02 97 31 82 83
- Auberge de jeunesse, Haute-Boulogne, toute l'année, tél. 02 97 31 81 33
- Gîte d'étape M et Mme Brien, Port Guen, tél. 02 97 31 55 88
- Centre d'accueil, tél. 02 97 31 56 97

• Sauzon (56360)
- Centre d'accueil communal (mairie), tél. 02 97 31 62 79
- Centre d'accueil L'Escale, tél. 02 97 31 66 23
- Hôtels. Point d'info saisonnier, tél. 02 97 31 63 40
- Chambres d'hôtes. Renseignements : Gîtes de France, tél. 02 97 56 48 12

• Bangor (56360) (hors GR)
- Centre d'accueil communal (mairie), tél. 02 97 31 84 06
- Hôtels-restaurants, lieudit Port Goulphar.

• Locmaria (56360)
- Gîte communal de Lannivrec, tél. 02 97 31 70 48 ou (été) 02 97 31 73 75
- Chambres chez l'habitant, M. Haeberlin, Borvran, tél. 02 97 31 70 01 ou 01 42 24 61 12

sur les autres îles

• Ile de Groix (56590)
- Port Tudy : gîte d'étape La Goëletterie, M. et Mme Poizat, 58 places, tél. 02 97 86 89 87
- Auberge de jeunesse, Le Mené (ouverte du 1er avril au 15 octobre), tél. 02 97 86 81 38

• Ile de Hœdic (56170)
Gîte d'étape, Le Fort, mairie, 28 places, tél. 02 97 30 68 32

Grand cormoran. *Photo Nicolas Vincent.*

S'équiper et s'alimenter pendant la randonnée

■ S'équiper pour une randonnée

Pour partir à pied plusieurs jours dans la nature, mieux vaut emporter un minimum d'équipement :
- des vêtements de randonnée adaptés à tous les temps ; des chaussures de marche ; un sac à dos ; un sac et un drap de couchage.
- des accessoires indispensables (gourde, couteau, pharmacie, lampe de poche, boussole, chapeau, bonnet, gants, lunettes de soleil et crème solaire, papier toilette et couverture de survie).

■ S'alimenter pendant la randonnée

Pensez à vous munir d'aliments énergétiques (barres de céréales, fruits secs…). Pensez aussi à boire abondamment, mais attention à ne pas prendre n'importe quelle eau en milieu naturel. Munissez-vous dans ce cas de pastilles purificatrices.

Réalisation

La sélection des itinéraires, leur description et le balisage sont l'œuvre des membres du Comité départemental de la randonnée pédestre en Morbihan, de la Commission technique Sentiers et notamment de Yannick Archambeau, d'Alain Paillard, d'Alfred Osti, de René Le Guéhennec, de Gilbert Gueguin, de Jo Le Palud, de Nicolas Malandin et d'Emmanuel Delgove.
La relecture technique des itinéraires a été faite par Armand Le Bloas.
Les textes thématiques de découverte du patrimoine naturel et culturel ont été écrits par Jacqueline Cantaloube, Emeline Tête, Pierrick Gavaud, Yannick Archambeau, René Le Guehennec, le Syndicat d'initiative de Plouharnel et la mairie de Belz.
La coordination des textes a été réalisée par Yannick Archambeau, Alain Paillard et Pierrick Gavaud.
Il convient de remercier les maires des communes traversées, le Comité départemental du tourisme et le Conseil général du Morbihan pour leur soutien.

Montage du projet, direction des collections et des éditions : Dominique Gengembre. **Production éditoriale :** Isabelle Lethiec. **Secrétariat d'édition :** Philippe Lambert, Marie Décamps. **Cartographie :** Olivier Cariot, Frédéric Luc. **Mise en page et suivi de la fabrication :** Jérôme Bazin, Clémence Lemaire, Elodie Gesnel. **Lecture et corrections :** Brigitte Bourrelier, Anne-Marie Minvielle, Gérard Peter. **Création maquette :** Fédération Française de la Randonnée Pédestre. **Illustration de la page 9 :** Nathalie Locoste.

Adresses utiles

■ Randonnée

- Centre d'information de la Fédération, 14, rue Riquet, 75019 Paris, M° Riquet, tél. 01 44 89 93 93, fax 01 40 35 85 67, e-mail : info@ffrandonnee.fr, internet : www.ffrandonnee.fr
pour adhérer à une association de radonneurs et entretenir les sentiers
- Comité départemental de randonnée pédestre du Morbihan, Maison du Sport, 9 rue François-Joseph Broussais, Parc du Térénio 56000 Vannes, tél. 02 97 40 85 88.
- Comité régional de la randonnée pédestre de Bretagne, c/o Jean Fulbert, 8, rue de la Jannaie 35760 Saint-Grégoire.
- *Rando Breizh*, 1, rue Raoul-Ponchon, 35069 Rennes Cedex, tél./fax 02 99 27 03 20, *adresses et informations régionales sur la randonnée.*

Comité départemental du tourisme

Brochures, mises à jour des activités, des séjours et des hébergements, liste des offices de tourisme et syndicats d'initiative dans le département

CDT du Morbihan, PIBS, allée Nicolas-Leblanc, BP 408, 56010 Vannes Cedex, tél. 02 97 54 06 56

■ Offices de tourisme et syndicats d'initiative

- Lorient, tél. 02 97 21 07 84 (OT)
- Belz, tél. 02 97 55 13 13 (point d'info saisonnier)
- Étel, tél. 02 97 55 23 80 (SI)
- Erdeven, tél. 02 97 55 64 60 (OT)
- Plouharnel, tél. 02 97 52 32 93 (SI)
- Carnac, tél. 02 97 52 13 52 (OT)
- La Trinité, tél. 02 97 47 24 34 (OT)
- Locmariaquer, tél. 02 97 57 33 05 (OT)
- Auray, tél. 02 97 24 09 75 (OT)
- Le Bono, tél. 02 97 57 91 34 (point d'info saisonnier)
- Larmor-Baden, tél. 02 97 57 24 65 (point d'info saisonnier)
- Arradon, tél. 02 97 44 01 56 (point d'info)
- Vannes, tél. 02 97 47 24 34 (OT)
- Sarzeau, tél. 02 97 41 82 37 (OT)
- Arzon (le Crouesty), tél. 02 97 53 81 63 (OT)
- Saint-Gildas, tél. 02 97 45 31 45 (point d'info saisonnier)
- Quiberon, tél. 02 97 50 07 84 (OT)
- Le Palais (Belle-Ile), tél. 02 97 31 81 93
- Groix (île de), tél. 02 97 86 53 08 (SI)
- Ile-aux-Moines, tél. 02 97 26 3245

■ Divers

- Ecomusée de Saint-Dégan, 56400 Brec'h, tél. 02 97 57 66 00
- Accueil à la ferme en Morbihan, tél. 02 97 46 22 56.
- Conservatoire régional de la carte postale, rue d'Auray, 56150 Baud, tél. 02 97 51 15 14.
- Musée du Cidre 56450 Le Hezo, tél. 02 97 26 47 40.
- Musée des Vieux Métiers Kerguet 56370 Sarzeau, tél. 02 97 41 75 36.

Bibliographie, cartographie

■ Connaissances géographiques et historiques de la région

- *Le Morbihan*, Guide Gallimard, éd. Nouveaux loisirs
- *Vauban à Belle-Ile, 300 ans de fortifications*, Association Vauban, éd. Gondi Le Palais
- Basque R., *Oiseaux du Golfe du Morbihan*, éd. Graphic Ploeren
- Burl A., *Guide des dolmens et menhirs*, éd. Errance
- Danigo J., *Eglises et chapelles du Pays de Vannes*, Cahier de l'UMIVEM
- Floquet Ch., *Belle-Ile, Houat et Hoëdic*, éd. Y. Salmon Loudéac
- Giot P.-R., *Préhistoire de la Bretagne*, éd. Ouest-France
- Gilles D. ,*Vannes et le Golfe du Morbihan*, éd. Ouest-France
- Glouch et Manac'h, *Bateaux de pêche de Bretagne*, éd. Fayard
- Lageiste J., de Lesdain F., *Le Guide du Morbihan*, éd. La Manufacture
- Leguay J.P., *Histoire de Vannes et sa région*, éd. Privat Toulouse
- Morand S., *La gastronomie bretonne*, éd. Flamarion
- Ollieric J., *Belle-Ile-en-Mer*, éd. Taillanderie
- Polllier A., *Femmes de Groix*, éd. Gallimard
- Rollando C., *Séné d'hier et d'aujour-d'hui*, éd. mairie de Séné
- Tanguy Le Roux Ch., Gavrinis, *Guide archéologiques de France*
- *Quand les Bretons passent à table*, Association Buhez, éd. Apogée

■ Cartographie

• Cartes IGN au 1 : 25 000 n° 0720 ET, 0821 OT, 0822 OT, 0921 OT, 1022 OT
• Cartes IGN au 1 : 100 000 n° 15
• Carte Michelin au 1 : 200 000 n° 230

MORBIHAN, de mer en terre

J.P. Gratien

Le Morbihan, situé sur la côte sud de la Bretagne, tient son nom de sa petite mer intérieure (Mor Bihan en breton) où dit-on les îles sont aussi nombreuses que les jours de l'année.

Sur les sentiers côtiers, la mer offre au fil des kilomètres des paysages variés, des falaises de la côte sauvage, en passant par les rivages découpés de ses estuaires et de ses rias, jusqu'aux plages dunaires bordées de sites mégalithiques.

Dans l'intérieur, manoirs, châteaux, chapelles et fontaines marquent le paysage de leur architecture originale. Le Blavet, le Canal de Nantes à Brest et la Vilaine constituent un axe de liaison idéal pour découvrir les cités médiévales et bourgs de caractère ... témoins de notre riche passé.

Le Morbihan, c'est pour vous
- 700 Km de sentiers de grande randonnée
- 240 Km de chemins de halage
- 390 Km de sentiers sur le littoral
- une multitude de sentiers de petite randonnée pédestre, équestre, VTT.
- un bord de mer, un golfe, des canaux et plans d'eau propices à la randonnée

Guides édités par le Conseil Général du Morbihan :
- Plaisirs de randonnées en Morbihan
- Morbihan Chemin faisant ...

F. Le Divenah

Comité Départemental du Tourisme du Morbihan
PIBS - Allée Nicolas Leblanc - BP 408 - 56010 VANNES Cedex
Tél. 02.97.54.06.56 - Fax. 02.97.42.71.02 - Internet : www.morbihan.com

MORBIHAN
BRETAGNE SUD

un bref aperçu de la région

Saint-Philibert. *Photo Yannick Archambeau.*

Venant de la pointe du Raz, le GR® 34 a son point de départ à Lorient, au quai des Indes, appellation riche d'effluves épicées venues d'Afrique et d'Orient. Le musée de la Compagnie des Indes, installé dans la citadelle de Port-Louis, retrace l'histoire de l'aventure maritime née en 1664 lorsque Colbert créa la première Compagnie. La visite ressemble à un voyage au long cours.

Escale suivante ? Saint-Cado, après avoir traversé la ria d'Etel. Chapelle, fontaine, calvaire, maisons de pêcheurs. Le décor est planté, comme le chevalet des peintres, nombreux à être séduits par le site.

Cap sur le sud, direction la pointe du Conguel, là-bas, tout au bout de la presqu'île de Quiberon après avoir longé la Côte sauvage. Un nom qui lui sied bien : rochers, récifs, falaises, grottes, vagues grondantes. L'océan fait ici une somptueuse démonstration de sa beauté et de sa force. Sous le soleil, les eaux empruntent leur couleur à l'émeraude et au jade. Par grand vent, le spectacle est grandiose. C'est dans la baie de Quiberon que débarquèrent en 1795 les émigrés royalistes venus d'Angleterre pour soutenir les chouans et tenter de vaincre les " Bleus ". Les troupes conduites par Hoche les contraignirent à se replier à Port Haliguen.

Cap au nord pour un retour sur Carnac. Une halte mégalithes s'impose et Dieu sait s'il y en a ! Le musée de Préhistoire constitue une excellente introduction à la découverte des mégalithes sur le terrain. Dolmens, menhirs, cromlechs, tumulus, allées couvertes, etc. Vous serez incollable ensuite. Vous gagnerez ensuite La Trinité-sur-Mer, capitale internationale de la voile. Il y a toujours dans le port quelques voiliers et catamarans amarrés, avec leurs rêves de départ. Du pont de Kerisper, vue panoramique sur la rivière de Crac'h, l'estuaire et le bassin ostréicole. Pays des mégalithes oui, mais aussi pays des huîtres !

Première incursion vers le golfe : Locmariaquer et son ensemble mégalithique : Table des marchands, grand menhir brisé, dolmens. Regardez bien : des " kerions " - nains facétieux - s'y cachent peut-être !

ouverte sur l'océan Atlantique par un goulet large d'un kilomètre environ, face à Port Navalo. A l'intérieur, un vaste semis d'îles et d'îlots. Il y en aurait autant que de jours dans l'année. La Bretagne aime les légendes. Laissez-vous conter celle-ci : un jour, les fées de l'antique forêt de Brocéliande en furent chassées et eurent un tel chagrin que leurs larmes finirent par combler le golfe. Elles y jetèrent leurs couronnes de fleurs. Trois cent soixante-cinq îles en surgirent. Trois allèrent jusqu'à l'océan pour former les îles de Houat, Hœdic et Belle-Ile.

Retour sur Auray, où se sont écrits plusieurs chapitres de l'histoire de la Bretagne. Que diriez-vous d'une pause crêpes dans le pittoresque quartier de Saint-Goustan ?

Maintenant, c'est la descente le long de la rivière d'Auray. Halte obligée au Bono, dont le port se colorait jadis des voiles rouges des bateaux appelés " forbans ". Le voici enfin ce golfe ! Cette petite mer (Mor-bihan : petite mer en breton) est

Le golfe du Morbihan, c'est un peu comme un secret gardé jalousement pour soi. Chacun le sent avec ses coups de cœur. L'impression n'est jamais la même, suivant les heures du jour. A marée basse, les vasières et les étiers prennent, selon la luminosité du ciel, des tons subtils de moire ou de satin froissé où les pattes d'oiseaux tracent de jolis dessins. Graciles avocettes, oies bernaches venues de Sibérie se

Plage du Lério sur l'île aux Moines. *Photo Yvon Boëlle.*

régalent ici de plantes marines. Le spectacle varie à chaque saison.

Quittons ce paysage pour aquarelliste pour nous diriger vers Vannes. Escales le long du sentier à Lamor-Baden, où l'on embarque pour la mystérieuse île de Gavrinis, et aussi d'où l'on peut gagner à pied l'île Berder en empruntant le radier (se renseigner sur les heures des marées). Voici maintenant Arradon et ses élégantes demeures ; Conleau, Séné, où est née l'embarcation dite sinagot ; la réserve ornithologique de Falguérec, royaume des oiseaux.

Le GR® accoste à Vannes, dont le poète François Coppée disait que les vieux quartiers ressemblaient à un décor pour la Comédie française.

Poursuivant dans le Golfe, l'itinéraire fait escale à Saint Armel, Lasné, Saint-Colombier et sa délicieuse brioche, le *Gochtial* ; Sarzeau dont le clocher carré sert de repère aux plaisanciers ; Pencastel et son moulin à marée. Puis ce sera Port Navalo. Les Romains appréciaient déjà son port qui, au fil des siècles, a vu mouiller chasse-marée, goélettes, bricks et navires.

Dernière partie du périple : la côte sud de la presqu'île de Rhuys. Les pointes se succèdent : celle du Grand Mont d'abord, où plane le souvenir du théologien Abélard. Il

La Côte sauvage. *Photo Yvon Boëlle.*

séjourna quelque temps à l'abbaye fondée par saint Gildas et vint certainement méditer devant l'immense panorama embrassé du Grand Mont. Saint Jacques aurait débarqué, venant d'Espagne, à la pointe qui porte son nom. Regardez bien le ciel par temps clair : la voie lactée serait le chemin de Saint-Jacques de Compostelle.

Un peu plus loin, le château de Sucinio, résidence des ducs de Bretagne dresse son imposante silhouette. Après la pointe de Penvins, où veille la petite chapelle Notre-Dame-de-la-Côte, destination Le Tour-du-Parc, au bord de la rivière de Penerf.

L'invitation à la randonnée s'achève par la découverte des îles (Groix, Belle-Ile, Houat, Hœdic, les îles du Golfe). Une belle perspective de randos irisées d'embruns !

Aquarelle Eric Fortunato.

Les itinéraires

Le sentier GR® 34
de Lorient au Tour-du-Parc

De Lorient (Locmiquélic) à Kerzine | 12 km | 3 h |

A Lorient : 🏠 🏛 ⛺ 🛒 🍴 ℹ️ 🚌 🚋

▶ La description du GR® débute à Locmiquélic. Accès par le service des vedettes *Transrade*, quai des Indes à **Lorient**.

▶ En cas *d'absence de liaison maritime*, il est possible de rejoindre le GR® 34 (15 km) grâce à un diverticule qui part de la gare de Lorient *(voir tracé en tirets sur la carte)*. Emprunter la rue du Professeur-Perrin, la passerelle Lorient — Lanester, aller deux fois à gauche, suivre les rues Camille-Pelletan, de la République, Jules-Guesde. Traverser le parc du Plessis, longer l'école Picasso, franchir la voie ferrée, gagner la résidence du Plessis et prendre le chemin côtier jusqu'au pont du Bonhomme. Suivre alors le GR® 341 vers le Sud jusqu'à la chapelle Saint-Jean.

1 Sur le port de Locmiquélic, s'engager dans la rue en direction de l'Est sur 500 m. Au carrefour, tourner à gauche puis à droite et poursuivre dans une rue rectiligne qui rejoint la D 781 près du stade. Au carrefour du stade, aller à gauche, puis utiliser à droite la D 111 sur 100 m. Traverser à gauche la nouvelle voie d'accès de la D 111 et prendre le chemin en face sur 200 m.

2 Suivre à droite la route. A Kerastel, continuer sur un chemin qui passe près de la chapelle Saint-Jean.

▶ Jonction avec le GR® 341 qui vient de Pontivy.

Rejoindre une route à Saint-Zunan.

3 Se diriger vers le Sud. Emprunter à gauche la D 33 sur 200 m, puis un chemin à droite. Dans le hameau, poursuivre jusqu'à la D 781. La prendre à gauche jusqu'au village de Groac'h-Carnet *(prudence : route très fréquentée)*. Dans le village, au carrefour, partir à droite et gagner Brambis. Au fond du hameau, utiliser à droite un chemin entre des haies le long d'une longère. Il descend vers un ruisseau, puis monte à une croisée de chemins. Aller à gauche sur quelques mètres puis à droite sur 50 m.

4 Prendre à gauche un chemin rectiligne. Poursuivre sur la route à gauche. Au carrefour routier, s'engager à droite sur un chemin qui descend vers Kervran. A l'entrée du hameau, emprunter la route à gauche. Au carrefour, aller à droite et continuer jusqu'à **Kerzine**.

Hors GR pour **Plouhinec** | 1 km | 15 mn |

A Plouhinec : 🏛 🛏 ⛺ 🛒 🍴 🚌 ☕

Suivre la route au Nord-Est.

C'est la ville aux cinq ports : pêche, plaisance, commerce, passagers et militaire.

Le spectacle de la criée au port de Kéroman, construit en 1927, est impressionnant. Des halles d'autrefois, on est passé aux entrepôts réfrigérés. Normes sanitaires obligent. Le poisson et le consommateur y ont gagné en qualité.

Lorient, bateau de pêche en cale sèche.
Photo CCSTI/Maison de la Mer, Lorient

Les pratiques de pêche

Les affaires maritimes distinguent :

- la grande pêche, pratiquée par de très gros navires-usines (congélateurs, thoniers océaniques) intégrant toutes les étapes de la filière, de la capture à la transformation du poisson. Ces navires effectuent des " marées " (période d'absence) de plus de vingt jours.

- la pêche au large ou hauturière : les navires s'absentent du port pour une ou deux semaines. Elle s'effectue en haute mer, hors des repères côtiers.

- la pêche côtière : les bateaux s'absentent pour de courtes marées n'excédant pas cinq jours.

- la petite pêche : les navires effectuent des sorties d'une durée inférieure à vingt-quatre heures.

Ce sont les chalutiers qui constituent la grande majorité des navires lorientais. Selon leur taille, la zone fréquentée et la durée des marées, ils pêchent différentes espèces de poissons.

La pêche au chalut est l'activité essentielle du port de Lorient. En 1997, la flotte comptait 61 % de chalutiers, représentant 96 % du tonnage de la flotte du quartier. (Le quartier désigne la subdivision administrative où s'exercent les fonctions dépendantes du Ministère chargé de la mer)

Les différentes espèces de poissons

On différencie les espèces " nobles " des espèces " communes ". Les premières ont une valeur marchande relativement élevée par opposition aux secondes. Les espèces communes, pêchées en grande quantité, ont une valeur marchande relativement faible. Elles proviennent principalement de la pêche industrielle. Depuis 1994, la première espèce en valeur est la langoustine, suivie du merlu.

Plus de 60 espèces sont offertes sur le marché :

- *les espèces " demersales "* * :
merlan, lieu noir, lingue bleue et lingue franche, merlu, grenadier de roche (appelé aussi par les pêcheurs rat ou queue de rat à cause de sa queue

effilée en pointe), Saint-Pierre (un mauvais nageur dit-on), cabillaud ou morue.

- *les espèces " pélagiques "* : petite roussette, aiguillat ou chien de mer (un petit requin), thon germon ou thon blanc (autrefois spécialité des marins de Groix), chinchard commun (sa longévité approche les quinze ans), sardine, anchois, bar, griset ou dorade grise (omnivore).

- *les espèces " benthiques "* : raie bouclée, baudroie ou lotte (des oiseaux ont été retrouvés dans leur estomac !), langoustine, sole (les femelles peuvent atteindre 27 ans et les mâles 24), congre (il meurt après la reproduction), plie ou carrelet.

* Il s'agit d'adjectifs utilisés en biologie marine.
- " *demersal* " qualifie les espèces vivant sur le fond ou à son voisinage, sans en être complètement dépendantes dans l'accomplissement des grandes fonctions biologiques.

Bar. *Dessin Pascal Robin.*

- " *pélagique* " qualifie les espèces vivant en pleine eau, ne dépendant aucunement du fond pour l'accomplissement ci-dessus.
- " *benthique* " qualifie les espèces inféodées au fond pour ce même accomplissement.

Documentation : dossier pédagogique : *Lecture d'un port*, initié par le Centre de Culture scientifique technique et industrielle de Lorient et le Centre départemental de Documentation pédagogique.

Baudroie ou lotte.
Dessin Pascal Robin.

Lorient, le port de plaisance.
Photo Yannick Archambeau.

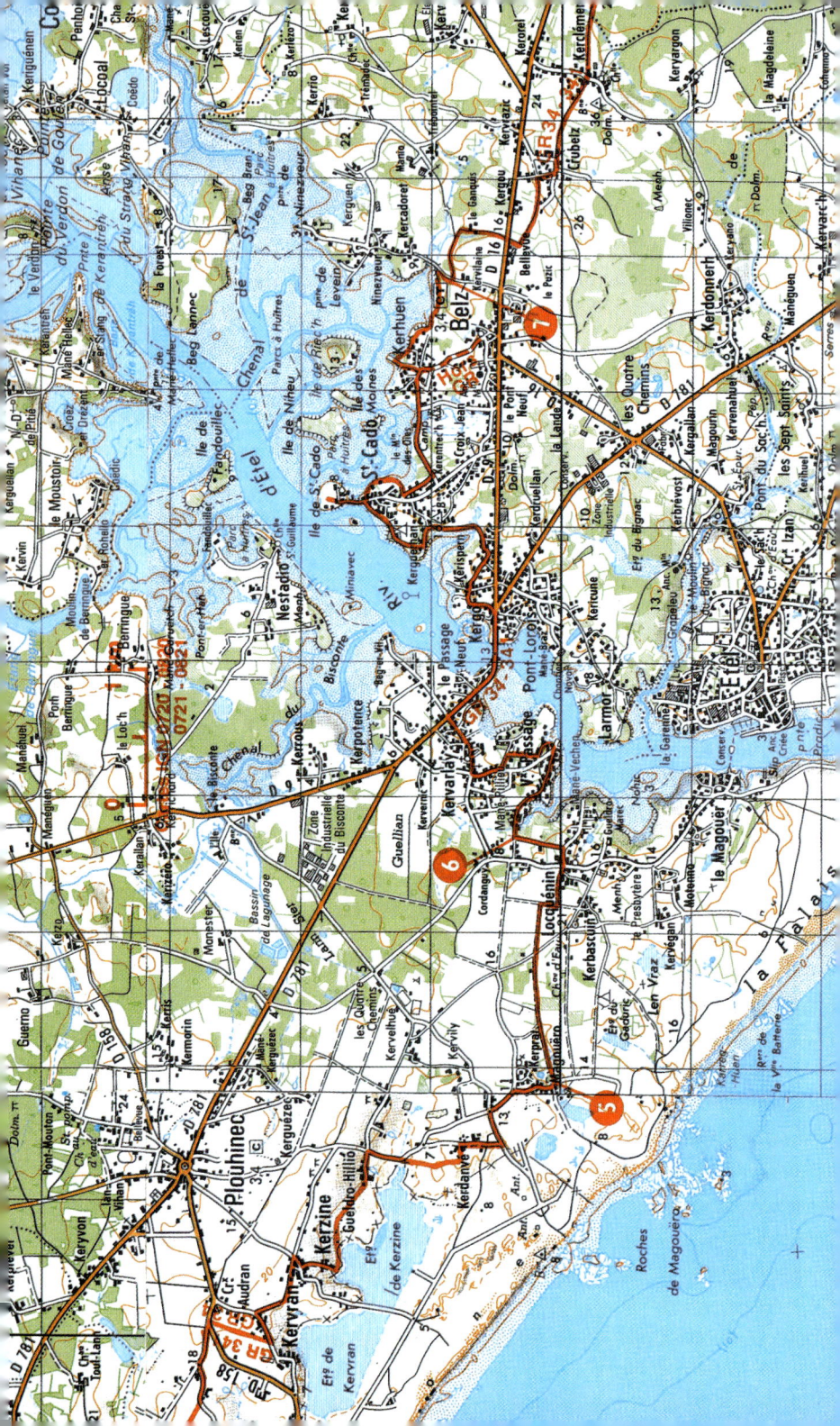

Dans **Kerzine**, s'engager à gauche entre des maisons pour rejoindre un chemin qui conduit à Gueldro-Hillio.

Au carrefour de routes, partir à droite puis, dans un virage, obliquer à droite sur un chemin qui rejoint Kerdanvé.

A la sortie du hameau, prendre la route à droite. Au carrefour, aller à gauche et gagner Lannic-Larmor.

A l'entrée du hameau, au carrefour de routes, s'orienter à droite, obliquer à droite et rejoindre Kerprat-Magouero.

5 Au bout du hameau, emprunter la route à gauche. Elle devient un chemin rectiligne. A la croisée de chemins, virer à droite puis à gauche et atteindre Locquenin. Au carrefour, continuer en face sur 50 m, puis emprunter la route à gauche.

6 Tourner à droite et gagner le port de Vieux-Passage. Poursuivre un peu le long du rivage puis monter par la route dans le bourg. Avant un carrefour, utiliser à droite la rue de la Rivière. Virer à gauche puis à droite. A Kervalay, tourner à droite. Emprunter la D 781 à droite. Passer le Pont Lorois pour franchir la rivière d'Etel et rejoindre **Pont-Lorois**.

A l'embranchement routier dans **Pont-Lorois**, suivre à gauche, entre les maisons, la rue Marchelan et gagner Kerispern. Au carrefour, tourner à droite puis à gauche dans une venelle qui s'insinue entre des maisons et rejoint une route. La prendre et longer la rivière d'Etel jusqu'à Saint-Cado.

▶ Accès possible à l'île. Chapelle, site très pittoresque.

Emprunter le sentier côtier à l'Est du hameau. Il rejoint une route. La suivre à gauche.

Hors GR pour **Belz**   `600 m` `10 mn`

A Belz : 🏨 🛏 ⛺ ☕ 🛒 ✕ ℹ 🚌

Virer à gauche dans Kerhuen. Dépasser le dolmen et s'engager dans la rue du Vieux-Kerhuen qui conduit à la pointe du Perche. Poursuivre sur le sentier côtier jusqu'à Pont-Carnac. Prendre la route à droite qui monte vers Kervilaine.

7 Avant le hameau, s'engager dans un chemin à gauche. Au carrefour, tourner à droite vers Le Ganquis et déboucher sur la **D 16**.

Le musée de la Compagnie des Indes

Il fallait au musée de la Compagnie des Indes un cadre prestigieux. Ce fut celui de la citadelle de Port-Louis, qui a vu passer tant de vaisseaux en partance pour les terres lointaines ...... l'Afrique, l'Inde, la Chine et le Nouveau Monde.

De 1664, année de la création de la première Compagnie des Indes ou Compagnie de Colbert, à 1793, plusieurs Compagnies firent de l'Orient (appellation de l'époque) un port florissant. Chaque automne, au moment de la vente des cargaisons, l'Orient devenait le rendez-vous des marchands venus de l'Europe entière.

Toute la vie des Compagnies est présente ici.

Les odeurs d'abord : cardamome, cannelle, poivre, gingembre, café de Moka (en Arabie), thé de Chine.

Les couleurs ensuite : celles des harmonieux motifs des papiers peints et des toiles de coton dites " indiennes ". Un arrêté de prohibition fut promulgué en 1686 afin de protéger le commerce français du chanvre, du lin et aussi de la soie. Il durera 73 ans ! Il y eut quelques entorses à la prohibition....A son expiration, le commerce reprit de plus belle. Le créateur de la manufacture de Jouy, Christophe-Philippe Oberkampf, venait s'approvisionner à Lorient (l'appellation actuelle vint avec la Révolution...).

Les décors des porcelaines se font volutes, fleurs, oiseaux, dragons, pagodes, etc.. Beaucoup de bleu et blanc, mais aussi des roses et des verts délicats, des pivoines d'un rouge éclatant, etc..

Le commerce avec l'Afrique est également évoqué : Guinée, Sénégal, île de Gorée.
L'or, l'ivoire, la gomme arabique, mais aussi, hélas, un commerce humain peu glorieux.....

Les maquettes de bateaux font rêver grands et petits : " Le soleil d'Orient " (dont la cargaison s'échoua au large de Madagascar, avec les trésors que le roi de Siam destinait au roi Louis XIV). Il y a aussi le " Comte de Provence ", le " Comte d'Artois ". Le naufrage du " Saint-Géran " échoué, lui, au large de l'île Maurice, est évoqué avec des objets récupérés par la mission scientifique qui explora le site et l'épave : piastres, balles de fusils, plombs de chasse, etc. Bernardin de Saint-Pierre, qui vécut deux ans sur l'île Maurice, fit mourir Virginie, à bord du Saint-Géran....

Maquette du Comte de Provence.
Photo Musée de la Compagnie des Indes.

Le musée présente aussi des cartes anciennes, des maquettes du port, de l'arsenal, de la ville.

Une belle occasion de réviser sa géographie ! Saviez-vous que l'île Maurice s'appelait autrefois l'île de France et l'île de la Réunion l'île Bourbon ? Ces deux îles formant avec l'île Rodrigue l'archipel des Mascareignes. Et les établissements français de l'Inde appris par coeur à l'école, vous vous en souvenez ? Mahé, Pondichéry, Chandernagor, Karikal et Yanaon.

Sur la rivière d'Etel, où abondent les parcs à huîtres, l'île de Saint-Cado, ancien port sardinier, représente un havre de choix pour les petits bateaux de pêche et de plaisance.

Beaucoup d'attraits pour ce petit territoire : les maisons de pêcheurs, une jolie fontaine au bord de l'eau, la petite chapelle du 12e siècle, qui serait celle d'une commanderie de Templiers. Le bloc de pierre dans la chapelle sud aurait été la pierre d'initiation des Templiers. On l'appelle aussi « lit de Saint-Cado ». L'oreille posée sur l'orifice, on entendrait le bruit de la mer…. Cette pierre aurait eu le pouvoir de guérir les sourds.

Un ex-voto représente la maquette d'un trois-mâts. Il porte le nom de Saint Cado et fut probablement offert par un marin en perdition qui implora le Saint et échappa à la fureur des flots. Il est porté sur un brancard de procession lors du pardon de septembre.

Pourquoi un chat sur le vitrail dédié à saint Cado ? En voici l'histoire :

Il était une fois un moine appelé saint Cado. C'était le fils du prince de Glamorgan. Venant d'Angleterre, il débarqua un jour sur l'île et s'y installa. Il chassa d'abord les serpents dont l'île était pleine. Puis il se mit à réfléchir à la façon de tracer un passage pour aller sur la terre ferme. L'idée lui vint de demander à Lucifer, le diable, de l'aider. Toujours plein de ruse, Lucifer lui répondit : « d'accord, mais en échange tu me donneras l'âme du premier vivant qui traversera le passage ». Marché conclu. Lucifer se réjouissait du bon tour joué à Saint Cado. Le passage fut construit. Lucifer attendait…. Mais Saint Cado était encore plus malin que lui. Devinez ce qu'il avait caché sous son grand manteau ? Un chat ! Il le lâcha et ce fut le premier vivant qui traversa le passage. Lucifer se tordait de rage et saint Cado de rire et de rire, tant et si bien qu'il en glissa. L'histoire dit encore que le calvaire fut construit à l'emplacement des traces laissées dans sa chute.

Rivière d'Etel. *Photo Yannick Archambeau.*

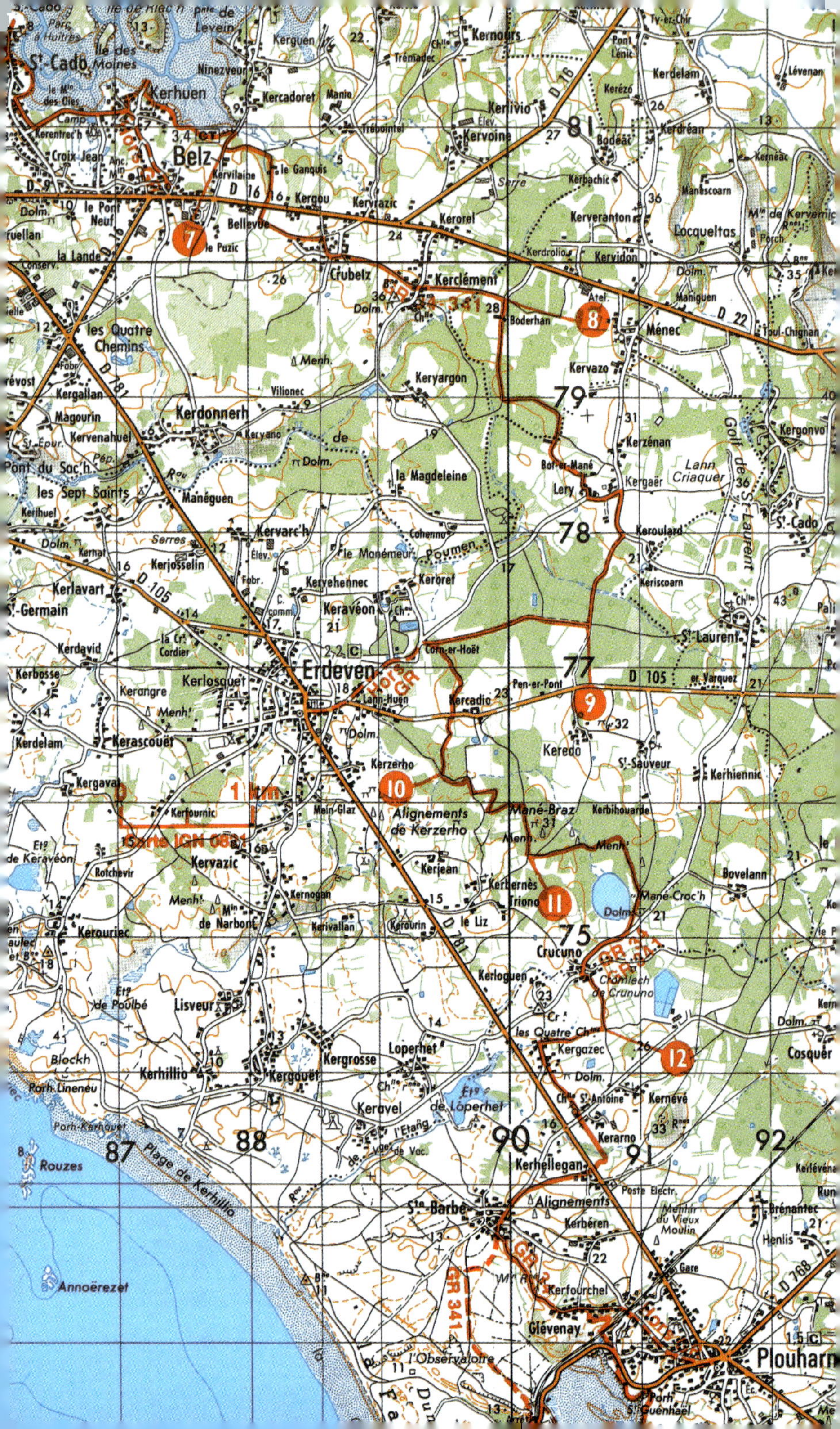

St-Cado
Île des Moines
Kerhuen
Belz
D 16
Bellevue
le Pazic
Crubelz
Kerclément
GR 341
Boderhan
Ménec
D 22
Locqueltas
Kervidon
Kerdrolio
Kerveranton
Bodéac
Kerdréan
Kerdelam
Kernours
Kervoine
Kerivio
Tréhointel
Kercadoret
Ninezveur
Kerguen
Kergou
Kervrazic
Kerorel
les Quatre Chemins
D 781
Kerdonnerh
Vilionec
Keryargon
Kerzénan
Bot-er-Mané
Lery
Kergaër
Lann Criaquer
Golfe de St-Laurent
Kergonvo
St-Cado
Magourin
Kergallan
Kervenahuel
Pont du Sac'h
les Sept Saints
Maneguen
la Magdeleine
Kervarc'h
le Manémeur
Poumen
Cohenno
Keroulard
Keriscoarn
St-Laurent
Kerjosselin
Kerlavart
St-Germain
D 105
Kerdavid
Kervehennec
Keroref
Keravéon
Erdeven
Hors GR
Corn-er-Hoët
Pen-er-Pont
Kercadio
Lann-Huen
Keredo
St-Sauveur
Kerhiennic
Kerlosquet
Kerangre
Kerdelam
Kerascouët
Kergavat
Kerfournic
Kerzerho
Alignements de Kerzerho
Mané-Braz
Kerbihouarde
Bovelann
Mané-Croc'h
Kervazic
Kernogan
de Narbont
Kerjean
Kerbernès
Triono
Kerouriec
Kerivallan
Kerourin
le Liz
Crucuno
Kerloguen
Cromlech de Crucuno
Lisveur
Kerhillio
Kergouët
Kergrosse
Loperhet
les Quatre Ch.
Kergazec
Cosquer
Kernévé
St-Antoine
Kerarno
Keravel
Étg de Loperhet
Plage de Kerhillio
Rouzes
Annoërezet
Kerhellegan
Poste Électr.
Ste-Barbe
Alignements
Kerbéren
Menhir du Vieux Moulin
Brénantec
Henlis
Kerfourchel
Glévenay
Gare
D 768
Plouharn
Pont St-Guenhaël
l'Observatoire
GR 341
Étg de Kervéon
de Poulbé
Porh Lineneu
Porh-Kerhouet
1 km
Carte IGN 0821

De la D 16 à Crucuno `11 km` `2 h 45`

Couper la **D 16**. Prendre un chemin puis, à gauche, un sentier. Rejoindre Crubelz. Partir à droite. Au carrefour, tourner à gauche et emprunter un sentier près d'un calvaire. Couper une route à Kerclément et poursuivre le sentier jusqu'à la route de Boderhan.

8 Emprunter la route à droite. Passer à la hauteur des ruines de Boderhan et continuer sur un chemin d'exploitation qui mène à Bot-er-Mané puis Lery.
Au bas de Léry, suivre la route à gauche puis, au carrefour, la route à droite sur 500 m. Dans un virage, utiliser à droite un large chemin et gagner une croisée de chemins.

9 Aller à droite vers le domaine de Keravéon.

Hors GR pour **Erdeven** `1 km` `15 mn`

A Erdeven : 🏨 🏕 🛒 🍴 ℹ️ 🚌

Suivre la route à gauche.

Peu avant Keravéon, à l'aire de pique-nique, prendre à gauche un chemin en sousbois. Couper la D 105 près du manoir de Kercadio. Aller en face sur le chemin des Mégalithes.

10 A la croisée des chemins, obliquer à gauche et encore à gauche au carrefour suivant. Au carrefour en croix, partir à gauche vers Mané-Braz. Passer le mégalithe de Mané-Braz.

11 Tourner à gauche vers Mané-Croc'h. Le chemin mène à une route. La suivre à droite et gagner **Crucuno.**

De Crucuno à l'entrée de Plouharnel `4 km` `1 h`

A **Crucuno**, passer devant un dolmen près d'une maison. Continuer au Sud-Sud-Est pour utiliser un étroit sentier après un passage dans une cour de ferme.

12 Tourner à droite, rejoindre Kergazec. Prendre la route à gauche. Lorsqu'elle oblique à droite, poursuivre sur le chemin. Passer la chapelle Saint-Antoine, couper la route et s'engager en face. Virer à droite et gagner Kerhellegan. Suivre en face une rue, puis un chemin à droite. Il traverse un camping. Emprunter la route à gauche.
A Sainte-Barbe, rejoindre la chapelle *(vue sur la presqu'île de Quiberon)*.
▶ Départ à droite du GR® 341 qui parcourt la presqu'île de Quiberon *(décrit page 63)*. Continuer au Sud-Est sur un sentier. Remonter vers un ancien moulin et gagner Glevenay. Emprunter la route à gauche. Après un puits couvert, prendre le sentier à droite. Au bout, tourner à droite et passer sous la voie ferrée. Suivre à gauche la D 768 sur 200 m, à **l'entrée de Plouharnel.**

Hors GR pour **Plouharnel** `1 km` `15 mn`

A Plouharnel : 🏨 🛏 🏕 🛒 🍴 ℹ️ 🚌 🚆

Poursuivre tout droit.

Plouharnel
Carnac
Carnac-Plage
la Trinité-sur-Mer
St-Philibert
Crac'h
Kerlescan
Kermario
Alignements
le Ménec
Kerlann
Le Nignol
Cloucarnac
Montauban
Kerbihan
Kermouroux
Kernivilit
Kerisper
St-Colomban
Légenès
Beaumer
Pte Churchill
Carrec Pellan
Carrec Bernard
Carrec Beaumer
Ile de Stuhan
Anse du Pô
le Pô
Bourgerel
Kercroc
Kerhellec
Porh en Dro
Grande Plage
GR 34
Carte IGN 0821
0
1 km
13
14
15
16
17

De l'entrée de Plouharnel à Carnac   `13 km` `3 h 15`

A Carnac : 🏨 ⛺ 🛒 ✕ ℹ️ 🚌

A l'**entrée de Plouharnel**, prendre à droite le sentier côtier. Passer Kercroc, continuer sur la route le long de la côte. A la chapelle, utiliser un chemin qui conduit à Kerhellec.

13 Dans le hameau, emprunter à droite le chemin empierré qui rejoint le sentier côtier. Poursuivre sur la route. Passer Le Pô, Bourgerel *(importante activité ostréicole)* et gagner Saint-Colomban *(hameau pittoresque)*. Traverser le hameau, partir au Nord-Ouest sur une route qui aboutit à la côte. Prendre le sentier côtier qui va à la plage puis à la pointe de Saint-Colomban. Continuer par chemins et trottoirs le long de la côte jusqu'au port de plaisance de Port en Dro à l'entrée de la station balnéaire de Carnac-Plage.

14 Utiliser à gauche la voie qui contourne par l'Ouest les anciens marais salants *(centre de thalassothérapie)*, passer Le Breno et gagner le centre de **Carnac**.

De Carnac à La Trinité-sur-Mer   `10 km` `2 h 30`

A La Trinité-sur-Mer : 🏨 ⛺ 🛒 ✕ ℹ️ 🚌

Passer devant l'église de **Carnac**, puis le long du cimetière. Au carrefour, aller à gauche puis à droite pour monter au tumulus et à la chapelle Saint-Michel.

15 Descendre par un sentier à Cloucarnac puis Montauban. Suivre la rue au Nord, puis un chemin à droite sur 500 m. Tourner à droite vers le Sud entre les étangs. Traverser le lotissement et couper la D 781. S'engager en face dans le marais de Kerdual et rejoindre la D 186 au Men Du. L'emprunter à gauche. Passer les digues de l'anse de Kerdual.

16 Près d'un parking en sous-bois, prendre à droite le sentier côtier. Il mène à la plage et à la pointe de Kerbihan, puis à **La Trinité-sur-Mer**. Longer le port.

De La Trinité-sur-Mer à Crac'h   `5 km` `1 h 15`

A Crac'h : 🏠 *(à Kéraric)* 🏨 🛏️ ⛺ 🛒 ✕ 🚌 ☕

Du port de **La Trinité-sur-Mer**, aller jusqu'au pont de Kerisper *(panorama sur la rivière de Crac'h avec au Nord, le bassin et au Sud, l'estuaire)*. Franchir la Rivière de Crac'h.

17 Aux feux, prendre à gauche une route qui longe la rivière. Poursuivre en face sur une route. Au carrefour, tourner à droite vers Kerino. Continuer vers l'Est sur un chemin qui mène à la chapelle de Plas Caer.

Le musée de préhistoire à Carnac

Le nom de Carnac évoque à coup sûr l'image des célèbres alignements : 1099 menhirs au Ménec, 982 à Kermario et 540 à Kerlescan ! Sans compter les tumulus de Kercado et de Saint-Michel, les dolmens de Mané Kerioned et de Kériaval.

De quoi susciter bien des interrogations et des passions.

Photo Musée de la Préhistoire de Carnac.

Ce fut le cas d'un Écossais fortuné, James Miln, venu s'installer à Carnac à la fin du siècle dernier. Il s'attacha le concours de Zacharie Le Rouzic, un jeune du pays, pour porter son matériel, dont sa boîte de peinture. James Miln, passionné d'archéologie, était aussi un fin dessinateur. Et le jeune de devenir à son tour un mordu d'archéologie et de profiter pleinement des leçons du maître, puisqu'en 1920 il fut nommé conservateur du musée Miln, premier musée ouvert en 1882 pour exposer les collections dont J. Miln avait fait don à la ville de Carnac. Zacharie Le Rouzic devait faire de même en 1926.

Le nouveau musée, qui porte le nom de ses fondateurs, a été installé dans l'ancien presbytère.
Sur deux niveaux, une sélection de 6600 objets présente le patrimoine archéologique du pays de Carnac.

Paléolithique, mésolithique, néolithique, chalcolithique, âge du bronze, âge du fer, période romaine : l'évolution se lit au fil des vitrines : pointes de flèches en silex, outils en os et en corne, polissoirs, poteries, haches, poignards, etc. Les randonneuses rêveront devant les bijoux : coquillages et dents de cerfs utilisés pour colliers ou bracelets, perles et pendeloques en callaïs (roche verte),

perle annelée comme celles fabriquées en Egypte à l'époque d'Akhénaton. Sans oublier les fibules, les bracelets en pâte de verre. Eternelle coquetterie !

Différentes maquettes éclairent le visiteur sur les divers types de mégalithes, d'où l'intérêt de visiter le musée avant d'aller sur le terrain.

Terminons avec Gustave Flaubert. Il visita la Bretagne en 1847 avec son ami Maxime Du Camp et devait écrire ensuite dans *Par les champs et par les grèves* : « Voilà donc ce fameux champ de Carnac qui a fait écrire plus de sottises qu'il n'a de cailloux ; il est vrai qu'on ne rencontre pas tous les jours des promenades aussi rocailleuses ».

Comment un tel site n'aurait-il pas fait galoper l'imagination des hommes ? Légendes, contes, abondent dans l'imaginaire breton et Carnac n'y a pas échappé. Attention ! ne sortez pas la nuit de Noël : les pierres vont ce soir-là boire dans les ruisseaux alentour. N'est-ce pas autour des dolmens que les korrigans font des rondes effrénées ? Un jour de pleine lune de préférence, les jeunes époux n'allaient-ils pas implorer la fécondité auprès des pierres ?

Les mégalithes et les cartes postales

Zacharie Le Rouzic comprit vite l'intérêt des touristes pour les sites mégalithiques et se mit à éditer des cartes postales. 90 modèles différents sur les mégalithes du Sud Morbihan lui sont attribués.

Sur les 20.000 cartes postales qui constituent le fonds du Conservatoire régional de la carte postale de Baud, 136 cartes concernent Carnac, dont la plus grande partie les mégalithes. 61 modèles de cartes existent sur les alignements du Menec, 31 sur ceux de Kermario, 36 sur la Table des Marchands de Locmariaquer, 21 sur le dolmen de Mané Kerioned.

C'est dire si le tourisme naissant au début du siècle a contribué à la connaissance du site.

Baud est à 25 km d'Auray. Visiter le Conservatoire, c'est découvrir l'histoire de la carte postale, liée à celle de la vie des hommes et à l'évolution de la société. Un voyage étonnant dans le temps, où la vie en Bretagne se lit au quotidien.

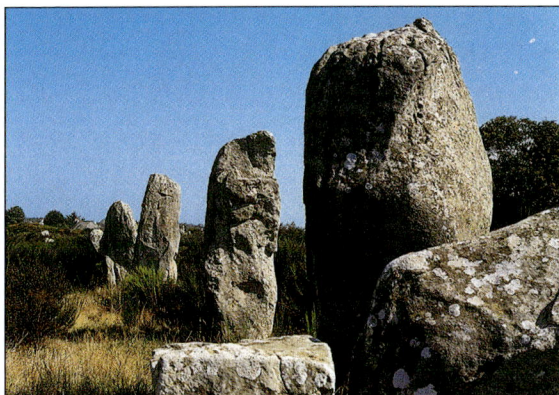

Quelques mégalithes des alignements de Carnac. *Photo Yannick Archambeau.*

Les mêmes mégalithes sur une carte postale ancienne de Zacharie Le Rouzic. *Collection Conservatoire régional de la carte postale de Baud.*

CARNAC — Crembech et alignements du Ménec

Collection Z. Le Rouzic

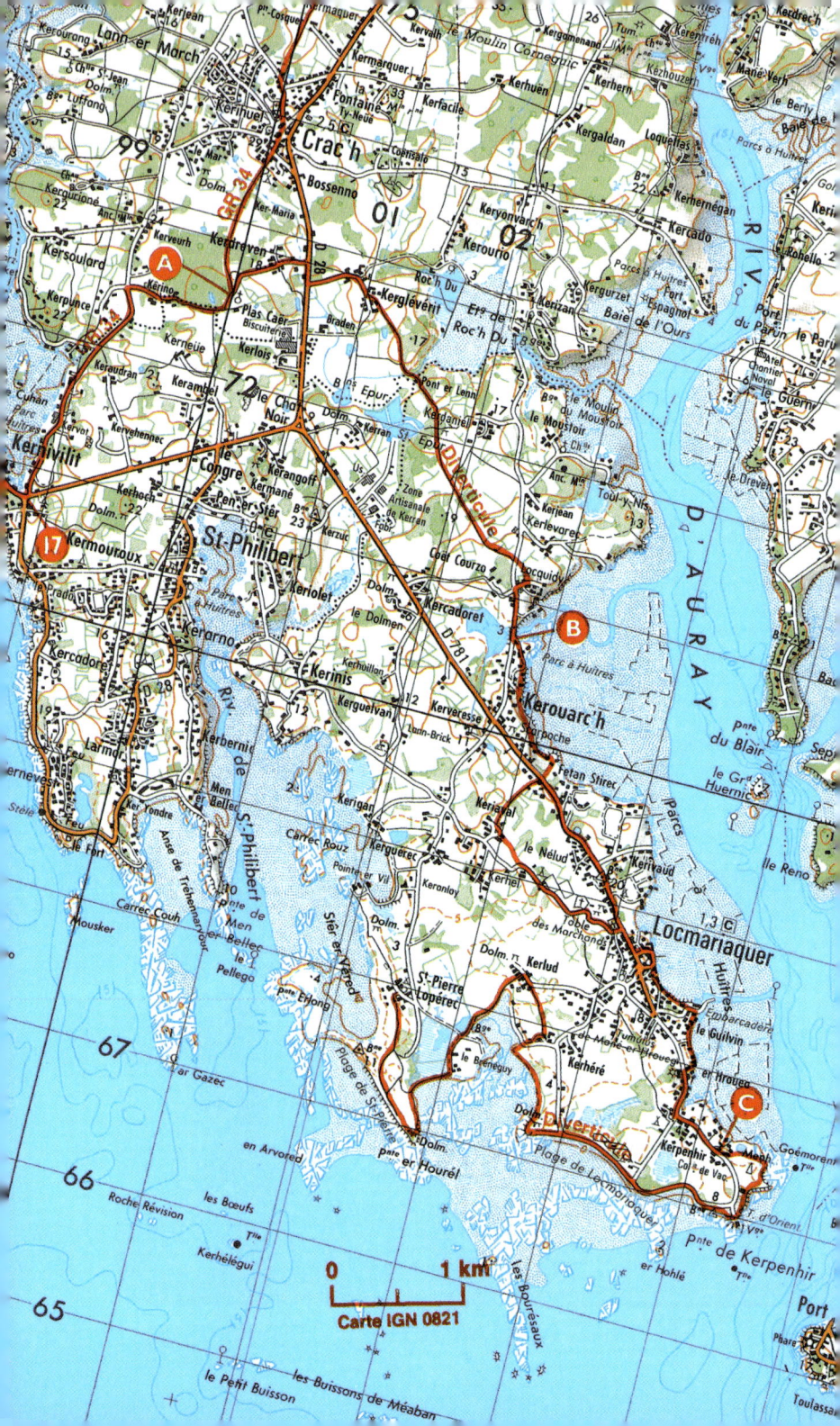

Carte IGN 0821

0   1 km

Diverticule pour Locmariaquer

▶ Ce diverticule permet de découvrir la pointe de Locmariaquer et ses nombreux mégalithes.

De la chapelle de Plas Caër à Locmariaquer   `8 km` `2 h`

A Locmariaquer : 🏛 ⛺ 🛒 🍴 ℹ️ 🚌

A De la **chapelle de Plas Caër**, s'orienter au Nord, puis suivre une route à droite qui rejoint la D 28. La prendre à droite puis tourner à gauche vers Kergleverit. Continuer au Sud-Est sur un chemin qui mène à Kerouac'h.

B Prendre le sentier côtier. Couper la D 781 et emprunter la route vers Keriaval et Kerlognan. S'orienter au Sud-Est et gagner le port de **Locmariaquer**.

De Locmariaquer à Saint-Pierre-Lopérec   `9 km` `2 h 15`

A **Locmariaquer**, suivre le sentier côtier jusqu'à la cale de Guilvin. Continuer vers l'Ouest par plusieurs petites rues et prendre un chemin au Sud-Est jusqu'à un carrefour de routes. S'engager sur la route en face sur 300 m, puis tourner à gauche.

C Emprunter le sentier côtier. Il passe à la pointe de Kerpenhir, au dolmen des Pierres Plates, à Kerhéré, à Kerlud, à la pointe Er Hourel et se termine à **Saint-Pierre Lopérec**, *terme du diverticule.*

Charme d'une chaumière bretonne. *Photo écomusée de Saint-Dégan.*

Une galerie de plus de 13 m de long composée de 12 piliers à droite et de 11 à gauche, mène à une chambre funéraire ceinte de 6 piliers. Sur les 29 piliers, 23 sont décorés, et quelle décoration !

H. et G. Dubouchet en parlaient ainsi dans Zig-zags en Bretagne*, paru en 1894 :

" Mais ce qu'il y a d'étrange et de bizarre (...) ce sont les sculptures qui couvrent presque toutes les pierres de ces parois, et qu'on a comparées avec beaucoup de justesse au tatouage des insulaires de la Nouvelle-Zélande.

Qu'on imagine des milliers de lignes disposées en tous sens, des droites et des courbes, des chevrons et des zigzags, des lignes brisées ou ondulées, des serpents, des groupes de celtals ou haches celtiques réunies deux à deux ou quatre à quatre, les unes horizontales, les autres verticales, la pointe en haut, la pointe en bas, tout cela sculpté tantôt en relief, tantôt en creux, et l'on n'aura qu'une très faible idée de l'aspect que présentent ces innombrables dessins "

Le visiteur est intrigué, fasciné et ébloui. Quelle habileté dans le trait, alors que l'outillage consistait seulement en galets à facettes en quartz, dont une grande quantité fut retrouvée lors des fouilles !

Photo Yannick Archambeau.

Un certain nombre d'éléments du cairn pourraient être des éléments réemployés. Ainsi, la hache charrue et les longues cornes de bovin qui ornent l'énorme dalle du plafond de la chambre trouveraient leur continuité sur celui de la Table-des-marchands de Locmariaquer. Observation confortée par le fait que le granit qui compose cette dalle ne se retrouve que dans la presqu'île de Locmariaquer. La Table des marchands a été taillée dans ce même granit.

Comment aurait-elle été transportée ? Probablement par flottage sur un radeau.

*Les Editions du Bastion

La maison rurale dans le Morbihan

Robustesse et harmonie s'appliquent à la maison morbihannaise.

L'habitation (appelée aussi longère ou logis-ferme) abritait autrefois hommes et animaux, l'étable faisant partie du même corps de bâtiment. La gerbière, située au dessus de la porte d'entrée ou parfois légèrement décalée, servait à rentrer la récolte.

Les toits sont le plus souvent en ardoise, qui a remplacé petit à petit les toitures végétales. Mais certaines maisons se capuchonnent encore sous leur toiture de chaume. A la paille de seigle, on préfère maintenant le roseau, beaucoup plus résistant.

Les murs sont composés d'un bel assemblage de pierres de granit, auquel se mêle le schiste lorsque l'habitation est située à proximité d'ardoisières. Encadrements de fenêtres et portes ont toujours fait l'objet de beaucoup de soin .Le linteau des petites ouvertures se pare quelquefois d'une sculpture en forme d'accolade gothique. Même dans les maisons les plus modestes, on trouve d'élégantes portes en plein cintre ou en anse de panier. Le claveau (pierre centrale du haut) s'orne parfois d'un blason, d'une fleur de lys ou plus simplement d'une date, 1613 ou 1750..... La vie a commencé cette année là autour de l'âtre et une treille, autre symbole de vie, a été plantée près du seuil de la maison.

Les sculptures et gravures renseignent sur l'identité de celui qui a demeuré là. Dans la presqu'île de Rhuys par exemple, où les marins furent nombreux, des ancres de marine ont été gravées sur des linteaux de portes. A Botquelen, près de Kergrist, un calice et un missel signalent la maison du recteur.

En bord de mer, une partie de l'habitat est composé de petites habitations (penn-ty) accolées les unes aux autres, où vivaient les familles de matelots. Beaucoup ont été crépies ou blanchies à la chaux, notamment dans les îles. Image éternelle de la petite maison blanche avec porte et volets d'un bleu dense, le même que celui de la coque du bateau...

Les manoirs et les maisons dites " de capitaines " comportaient un étage avec des lucarnes d'une belle ornementation : fronton, volutes, sujets animaliers, etc.

Tout ce patrimoine rural revit. A signaler dans le Morbihan, l'écomusée de Saint-Dégan, sur la commune de Brec'h (5 km d'Auray) et le village de Poul-Fetan, sur la commune de Quistinic (35 km d'Auray).

L'écomusée de Saint-Dégan

Sur les rives boca-gères du Loc'h, cet écomusée retrace le quotidien des paysans du pays d'Auray au 19e siècle. Dans les cheminées des chau-mières le feu flambe, jetant ses lueurs sur les lits clos, coffres et armoires. Le musée, conteur d'histoire, évoque la vie des anciens, à travers leurs activités rythmées par les saisons, auprès du feu ou le long des che-mins creux.

La vie s'organisait autour de la cheminée…
Photo Ecomusée de Saint-Dégan.

Toul Chignanet
Kerberder
Toul er-Veign
AURAY
10,2
Toul-Carros
Kerdrain
Kervament
Kerchian
Kergadic
Pluneret
Guerban
Groëz-Toul
Trééguevir
Kermadio Ch.
Kerléau
Kerineré
Lissaden
Kergoho
Kernannec
Kerbellec
Kerhel
Bransquel
St-Goustan
Branhoc
Belanno
Kerizan
Lann-er-Villin
Kerkaër
Gohlarec
Castelran
Kerharno
Kerbois
Kerkivie
Kerdolmen
Kerfourchard
Kervive
Bourdello
Kersinge
Kerforn
Kerioc'h
Keralbry
Kerpétir
Kerivaud
Kerizac
Kerjean
Kerbiscam
Kericar
Kerhuel
Kerhennec
Mané-Braz
Bodizac
Kerquinouret
St-Georges
Kerbirio
Kergeorges
Kergomenand
le Moulin Cornéguic
Kerheh
Kerhuen
Kergaldan
Loquellas
Kerhernégan
Kercado
Crach
Bossenno
Kerourio
Keryonvarch
Kerdreven
Kerglévérit
Kerveurh
Plas Caér
Kerlois
le Char Noir
Kerambel
Kerangoff
Kermané
Pen-er-Stêr
St-Philibert
Kervilit
Kernivilit
Kerhoch
le Congre
Kerzuc
Coët Courzo
Kercadoret
Locqudy
D'AURA
Port du Parun
le Parun
Baie de l'Ours
Parcs à Huitres
Port Espagnol
Kerizan
Roc'h Du
le Moustoir
le Moulin du Moustoir
Toul-y-Nis
le Dréven
Rohello
Kerihuel
Golf de Baden
Parcs à Huitres
Baie de Kerdréan
Kerdréan
Minihy
le Mané
le Berly
Mané-Verh
le Rocher
Vide-Bouteilles
Kérentréh
Kézhouzerh
Kerdrac'h
Kerriou
la Cr. de Lavarion
Kernoür
Bono
Mané-Roz
Larmor
Chivello
Roz
Kervernard
Kervilé
Mané-Morin
Ste-Avoye
Kerisper
Kerdaniel
Kernabat
Prestevel
Kerplouz
Kerdavid
Kerouala
Lomarec
Plessis-Kaër
Keraric
Len-Lochet
Rosnarho
Guéric
Kergal
GR 34
Hors GR
Carte IGN 0821
1 km

A Plas Caër, s'orienter au Nord sur un sentier qui gagne le centre de **Crac'h.**

De **Crac'h** à **Saint-Goustan-en-Auray**   `10 km` `2 h 30`

A Auray : 🏛️ 🏕️ 🛒 🍴 ℹ️ 🚌 🚉
Traverser **Crac'h.** Poursuivre au Nord sur une route qui passe le long du cimetière.

18   Au carrefour, s'engager au Nord sur un sentier. Passer Kericar et obliquer à gauche vers la route. La prendre à droite, puis tourner à gauche. A Lerré, obliquer à gauche. Poursuivre sur la route à droite et aller à gauche vers Kersinge.

19   Peu avant le hameau, s'engager sur un sentier à droite qui mène à Kervive. Continuer à droite sur un chemin. Emprunter la route à gauche. Franchir la N 165 et virer à droite. Tourner à gauche vers le mausolée de Kerleano *(dédié à Cadoudal).*

20   Aller à droite vers la chapelle Saint-Cado. Traverser une rue principale. Utiliser une rue vers l'Est. Couper la D 28. Par les rampes du Loch, descendre à **Saint-Goustan-en-Auray.**

▶ Le centre d'Auray se trouve 150 m au-dessus de ce pittoresque quartier médiéval, par la rue du Château.

De **Saint-Goustan-en-Auray** à **Le Bono**   `5 km` `1 h 15`

A Bono : 🏛️ 🏕️ 🛒 🍴 ☕

Au pont de pierre à l'entrée de **Saint-Goustan-en-Auray**, aller à droite et longer la Rivière d'Auray au Sud jusqu'au lycée agricole de Kerplouz. Traverser la propriété du lycée.

21   Au château d'eau, partir à droite au Sud-Est sur un sentier qui aboutit à la D 101.

▶ Un diverticule de 2 km balisé conduit à la chapelle de Saint-Avoye au bord de la rivière du Bono *(voir tracé en tirets sur la carte).*

Emprunter la D 101 à droite sur 1 km.

22   Obliquer à droite sur la route, passer le pittoresque pont suspendu et gagner **Le Bono.**

De **Le Bono** à **Larmor-Baden**   `16 km` `4 h`

A Larmor-Baden : 🏛️ 🏕️ 🛒 🍴 ℹ️ 🚌

A **Le Bono**, contourner le port. Poursuivre le long de la côte sur 500 m. Monter à gauche vers Kernourz et retrouver la côte au tumulus du Rocher. Le chemin côtier contourne l'anse de Kerdrean et continue jusqu'au golf de Baden. Au club-house, longer la côte par une route et gagner le port du Parun.

Port de Saint-Goustan à Auray. *Photo Yannick Archambeau.*

Auray

Ville d'art et d'histoire, Auray occupe une place toute particulière dans l'histoire de la Bretagne. La fameuse bataille d'Auray en 1364 mit fin à la guerre de succession de Bretagne. C'est au hameau voisin de Kerléano que vit le jour en 1771 Georges Cadoudal, célèbre chef chouan. Un mausolée a été élevé à sa mémoire.

Un vieux pont de pierre, avec ses parapets en éperon, traverse le Loch pour conduire jusqu'au quartier du port de Saint-Goustan, où Auray prit naissance. De belles maisons à colombages témoignent de la florissante activité que connut autrefois le port avec un commerce très diversifié : toile, vin et cidre, chevaux, céréales, épices et aussi bois et charbon. Dès le 14e siècle, on armait ici les bateaux pour la pêche à la baleine dans le golfe de Gascogne et la pêche à la morue à Terre-Neuve. C'est de Saint-Goustan que partirent en 1632 vers le nord du Canada ceux qui allaient devenir les " Acadiens ". Leurs descendants en furent chassés et certains vinrent s'établir à Belle-Ile.

Le quai Benjamin-Franklin rappelle qu'il débarqua ici le 4 décembre 1776, le vent ayant contraint son navire à débarquer en terre morbihannaise plutôt qu'à Nantes.
Il venait en France négocier une aide avec Louis XVI.

Aujourd'hui, l'activité portuaire s'est tournée vers la plaisance, mais il flotte toujours un parfum de départ pour des horizons lointains.

40

Les Pardons

Le patrimoine religieux breton est riche et donne lieu à nombre de pardons et de pèlerinages. Pour le seul département du Morbihan, plus de 400 pardons auraient été recensés sur une année. Le grand pardon de Sainte-Anne d'Auray, le 26 juillet, compte parmi les plus célèbres.

Sainte-Anne d'Auray est le deuxième lieu saint en France après Lourdes. Tout commença en 1623 lorsque Yves Nicolazic, un paysan du hameau de Ker Anna, vit apparaître à différentes reprises, une " dame pleine de majesté ", Anne, la mère de Marie. Bien sûr, son entourage n'en croyait pas un mot. Un jour de 1625, Anne l'invita à aller, avec ses voisins, jusqu'au champ de Bocenno, là où une chapelle lui aurait été dédiée autrefois, et qui fut détruite. Un flambeau lui indiqua un endroit d'où il sortit une statuette de bois. Le scepticisme de ses proches tomba enfin et l'évêque de Vannes, informé de la découverte, décida aussitôt d'élever un sanctuaire. Ainsi naquit le plus grand pèlerinage de Bretagne.

La basilique actuelle a été édifiée à l'emplacement de la première église, brûlée à la fin du 18e siècle.

Un élément important des pardons : les bannières. Sur fond de velours ou de satin, leur iconographie se brode d'or ou d'argent. Représentation des saints, mais aussi arabesques, croix, fleurs, hermine, coeurs, palmettes, etc.... éléments décoratifs que l'on retrouve sur les costumes que l'on ne manque pas d'arborer à cette occasion.

Sainte-Anne d'Auray est située à 6 km d'Auray et 16 km de Vannes.

La foule se presse derrière l'ex-voto… *Photo Yvon Boëlle.*

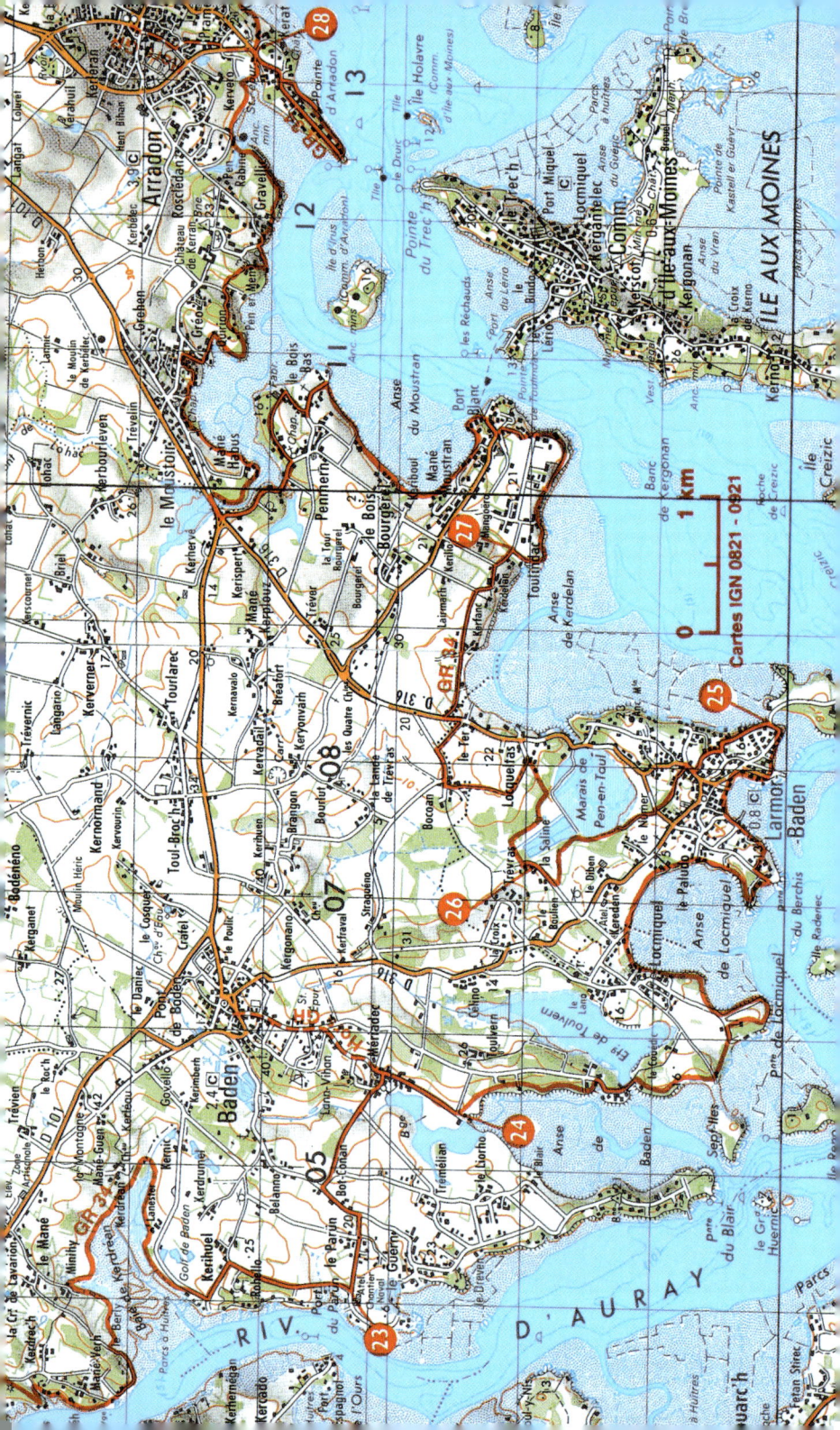

23 Au carrefour, monter à gauche la route vers le Parün. Continuer tout droit au carrefour, virer à gauche puis à droite et rejoindre Mériadec.

Hors GR pour **Baden**   `2 km` `30 mn`

A Baden :   🏛   ⛺   🛒   ✂   🚌

Prendre la route au Nord.

Partir sur la route à droite vers le Sud.

24 Au moulin de Baden, suivre le sentier côtier qui mène à la digue de l'étang de Toulvern, puis aux Sept-Iles. Il continue et se prolonge par une route qui rejoint Locmiquel.
Traverser le hameau, reprendre le sentier côtier qui conduit au port de **Larmor-Baden**.

De **Larmor-Baden** à **Port Blanc**   `9 km` `2 h`   ▭

Embarcadère pour la visite du tumulus de Gavrinis.

Contourner le port de **Larmor-Baden**. Poursuivre au Sud-Est jusqu'au gué de l'île Berder *(hébergement possible au Centre Loisirs Vacances Tourisme)*.

25 Prendre la route au Nord-Ouest. Couper la D 316. S'engager en face sur le chemin qui contourne par l'Ouest le marais de Pen-en-Toul *(réserve naturelle)*.

26 A La Saline, emprunter à droite une route ; à son extrémité, prendre le chemin de droite qui mène au hameau de Locqueltas, puis une route à gauche qui mène à Bocoan. Poursuivre vers l'Est la route sur 150 m et partir à droite dans un chemin. Prendre la D 316 à gauche, puis suivre à droite une route jusqu'à Toulindac. Dépasser le hameau de 150 m.

27 Descendre à droite sur le sentier côtier. Il gagne **Port Blanc**.

De **Port Blanc** au **Moustoir**   `5 km` `1 h 15`   ▭

Embarcadère pour l'île aux Moines.

A **Port Blanc**, continuer sur le sentier côtier qui longe l'anse du Moustran jusqu'à Bois-Bas. Emprunter une route. Passer Penmern *(chapelle)* et gagner le moulin de Pomper. Prendre la D 101 à droite, puis suivre à droite le sentier côtier jusqu'au **Moustoir**.

Du **Moustoir** à **la pointe d'Arradon**   `5 km` `1 h 15`   ▭

Remonter sur la rue centrale du **Moustoir** en passant devant la chapelle. Tourner deux fois à droite. Gagner Gréo. Descendre vers le sentier côtier. Il passe Quirion, Pen er Men et rejoint la **pointe d'Arradon**.

Les oiseaux du golfe

S'il est un lieu que les oiseaux affectionnent, c'est bien le golfe du Morbihan, avec ses vasières, ses anciens marais salants et ses herbiers.

Et il y a du monde quasiment toute l'année : sédentaires et hôtes de passage. La réserve la plus importante est celle de Falguérec-Séné, mais on peut faire d'intéressantes observations en bien d'autres lieux : à la pointe de Bénance, à l'île Tascon, Lasné et Saint-Armel, à l'étang du Hézo, etc.

Dès octobre arrivent de leurs lointaines toundras les oies bernaches. Elles repartiront vers la fin mars. L'élégante avocette, l'aigrette garzette, le goéland (brun, marin et argenté) et la mouette rieuse sont eux ici toute l'année, alors que la spatule blanche n'élit domicile, comme l'échasse blanche, qu'en période de migration.

Et les canards ? Ils sont nombreux : pilet, souchet, siffleur. Le colvert prend pension à l'année, comme le tadorne de belon, si joliment coloré.

L'étang du Duc, au coeur de Vannes, est apprécié en automne et en hiver par le fuligule milouin et le fuligule morillon.

Un visiteur incongru : l'ibis sacré, venu non pas de son Afrique natale mais du parc zoologique voisin, celui de Branféré, histoire de changer un peu d'horizon !

Echasse blanche. *Photo Nicolas Vincent.*

La liste n'est pas exhaustive ! Il faudrait aussi citer les grèbes, barges, courlis, chevaliers dont les différentes espèces portent de bien drôles d'appellations : gambette, arlequin, combattant, aboyeur, cul blanc (sa queue est blanche), sylvain, guignette. Des grands voyageurs que ces chevaliers : le combattant arrive d'Afrique au printemps, l'aboyeur apprécie de passer l'hiver sur les côtes africaines et fait escale dans le golfe avant d'aller nicher en Ecosse et Scandinavie.

Citons aussi le tournepierre, qui retourne effectivement les pierres et aussi les algues ; les bécasseaux, courlis, sternes, pluviers, etc.

Pour la suite, reportez-vous à votre guide ornithologique préféré, à mettre dans le sac à dos, ainsi qu'une bonne paire de jumelles.

Bernache cravant.
Dessin Pascal Robin.

La conchyliculture dans le Morbihan

Huîtres et moules sont souvent au rendez-vous dans les menus de la table bretonne.

Les sites de production se situent dans les baies de Vilaine, Quiberon et Plouharnel ; sur les rivières d'Etel, Penerf, Saint-Philibert, Crac'h, Auray ; dans le golfe ; à l'île de Groix et sur l'estuaire du Blavet.

Deux huîtres sont principalement cultivées : l'huître plate ou Ostrea Edulis et l'huître creuse ou Crassostrea Gigas. La première est vivipare et produit environ 500 000 à

Huître plate. *Dessin Pascal Robin.*

1 million d'oeufs par ponte, qui seront fécondés à l'intérieur de l'huître. La seconde est ovipare. La fécondation se fait à l'extérieur de l'huître. Elle pond à chaque fois de 20 millions à 100 millions d'œufs, mais 10 seulement donneront naissance à une huître. C'est en été que se fait la reproduction, d'où les huîtres dites "laiteuses ".

Ce n'est pas d'aujourd'hui que les huîtres sont appréciées. Les Grecs en étaient très gourmands et les consommaient en sauce ou cuites dans du miel. Chacun ses goûts !

Elles fleurissaient aussi dans les banquets des Romains, tant et si bien qu'ils vinrent à bout de leurs réserves naturelles. Il fallut en importer de France. Sorties de leur coquille, elles voyageaient conservées dans du sel.

Sous le règne de Louis XIV, Paris comptait 2000 écaillers. Vatel, le cuisinier du roi, se serait suicidé à cause d'une bourriche d'huîtres arrivée trop tard. L'attelage du chasse-marée n'avait pas été assez rapide.

Les qualités nutritives de l'huître en font un aliment complet. Un plus : elle ne contrarie nullement les régimes amaigrissants.

Le laboratoire de l'IFREMER (Institut français de recherche pour l'exploitation de la mer) installé à la Trinité-sur-Mer apporte soutien et conseils aux conchyliculteurs. Il participe également aux recherches sur les maladies des coquillages, l'amélioration génétique des espèces ainsi que sur les performances de production (qualité des produits notamment).

Texte établi d'après la documentation aimablement communiquée par Tibidy, H. Jenot, ostréiculteur à Carnac.

Parc à huîtres. *Photo IFREMER/P. Camus.*

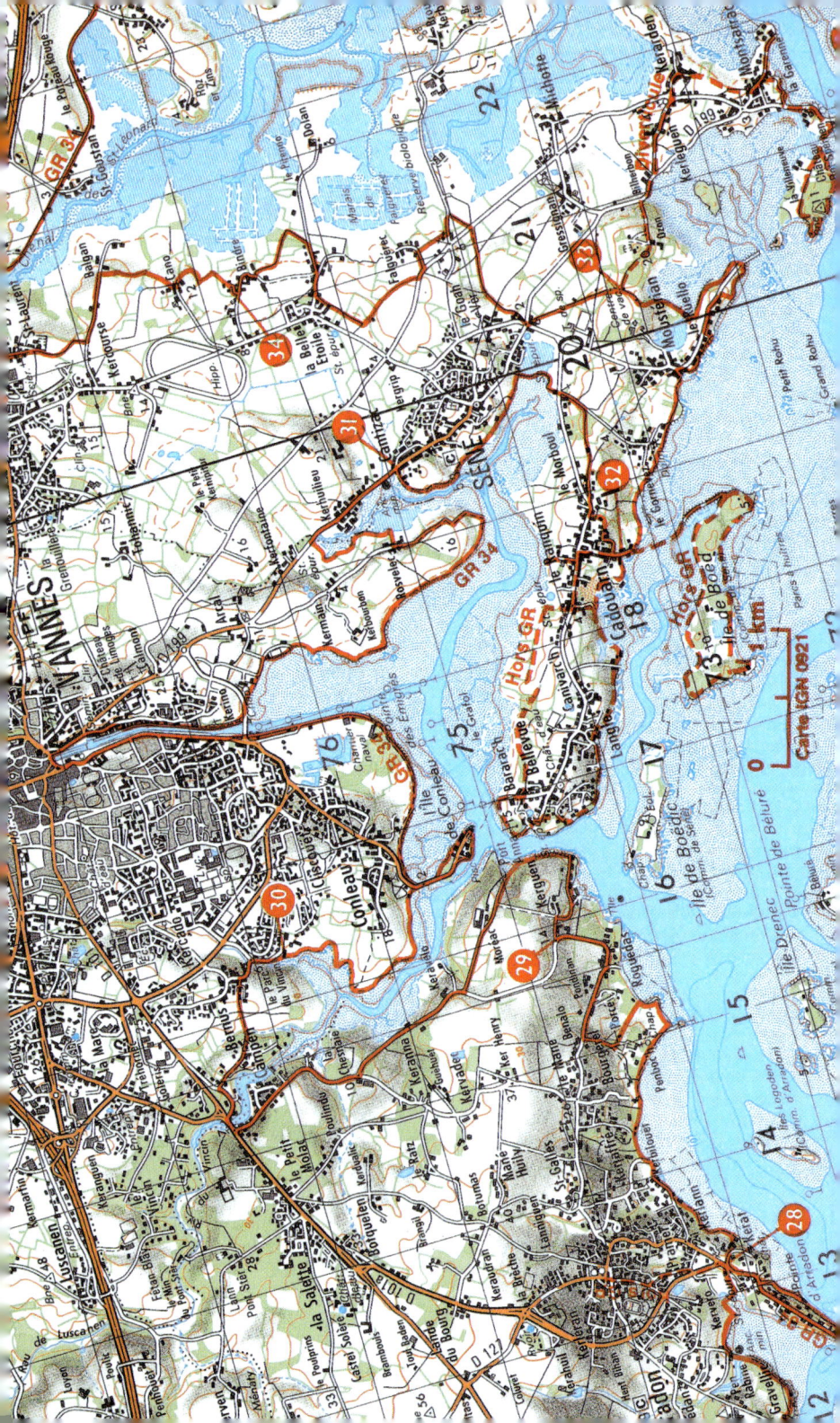

De la pointe d'Arradon au pont du Vincin `10 km` `2 h 30` ▭

A la **pointe d'Arradon**, utiliser le sentier sur la côte Sud de la pointe et gagner le port d'Arradon. Remonter la rue vers le centre.

Hors GR pour le centre d'**Arradon** `1,5 km` `20 mn`

A Arradon : 🏨 ⛺ 🛒 🍴 ☕ 🚌

28 Au second carrefour, prendre à droite une rue qui mène à la côte. Suivre le sentier côtier jusqu'à la pointe de Penboc'h. Revenir vers l'intérieur, passer le camping de Penboc'h et gagner Benalo. Partir à droite sur la route. Passer Roguedas. Atteindre Haliguen.

29 Aller à droite sur 100 m, puis emprunter à droite une route qui rejoint la côte. Utiliser le sentier côtier. Au bout, suivre la route à gauche et gagner le **pont du Vincin**.

Du pont du Vincin à Vannes `8 km` `2 h` ▭

A Vannes : 🏨 ⛺ 🛒 🍴 ℹ️ 🚌 ☕ 🚆

Passer le **pont du Vincin**. Au giratoire, tourner à droite dans la rue de Campen puis prendre à droite la rue du Moulin-de-Campen sur 200 m. Obliquer à gauche dans un chemin qui mène à Bernus. Passer le lotissement, puis aller deux fois à droite.
30 Emprunter à droite le chemin côtier qui conduit le long du Vincin à Conleau.

▶ Un parcours piétonnier de 2 km permet de faire le tour de l'ancienne île, rattachée au continent par une digue. A l'extrémité Sud de l'île : embarcadère pour Bararac'h et l'île d'Arz *(desserte toute l'année)*.
Traverser la rue. Suivre le chemin côtier qui passe la pointe des Emigrés, le parc du Golfe et rejoint la place Gambetta à **Vannes.**

De Vannes à Séné `15 km` `3 h 45` ▭

A Séné : ⬜ 🏨 🛏️ ⛺ 🛒 🍴 🚌

De la place Gambetta, à **Vannes**, se diriger au Sud le long du port. Le chemin côtier passe Kerino, Larmor-Gwened et la pointe de Rosvelec. Prendre la D 199 à droite.

31 Au moulin de Cantizac, suivre à droite le sentier côtier qui rejoint Cadouarn. Gagner la côte Sud de la presqu'île de Langle par les rues et chemins du village.

▶ Tour de la presqu'île de Langle en 5 km *(voir tracé en tirets sur la carte)*. A Bararac'h, embarcadère pour Conleau et l'île d'Arz.

▶ Possibilité d'effectuer le tour de l'île de Boed à marée basse *(prudence)*.

32 Utiliser le sentier côtier vers le Sud-Est jusqu'à Moustérian. Quitter la côte entre deux maisons et poursuivre sur la route à droite jusqu'à la pointe du Bil. Le sentier côtier mène au départ du diverticule vers le château de Bot-Spernen *(situé à 4 km)*

En 1829 apparut la première " chaloupe de Séné ", le " Petit Julien ". Il préfigurera de ce que seront plus tard les " sinagots ", du nom des habitants de Séné. Dès 1844, ce fut la construction en masse.

Bateau pointu à l'avant et à l'arrière, gréé avec 2 mâts portant 2 voiles au tiers, sa coque était entièrement en chêne. Saint-Avé et Arradon fournissaient les mâts en sapin. Pas de pont, seulement un petit abri à l'avant, appelé " bi " et deux voiles rouges, couleur donnée par une décoction à base d'écorce de pin maritime.

Il était utilisé pour la drague des huîtres et aussi la drague à chevrettes, cadre métallique auquel était accroché un grand filet de chanvre, à mailles fines, de 2 à 3 m.

La drague aux huîtres était réglementée, mais pas la drague à chevrettes, ce qui causera des dégradations aux herbiers... Il fallut aller pêcher plus au large, d'où l'augmentation de la taille et du tonnage des embarcations. D'une taille de 5 m en 1844, on arrivera au début du siècle à 8 à 9 m. Les derniers atteindront 11 m. Leurs noms étaient bien révélateurs de la jovialité des patrons pêcheurs : "Scieuse de lames ", " Cours après ", "Belle en rade ", etc.

652 sinagots furent immatriculés au quartier de Vannes entre 1830 et 1990. Les "Trois frères " fut le dernier construit à usage professionnel en 1943. Il a été depuis classé Monument historique.

L'association " Les Amis du Sinagot " s'attache à garder vivante la mémoire de cette embarcation, emblème de Séné.

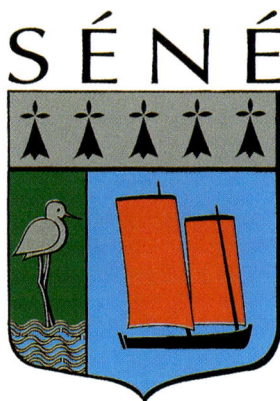

Le sinagot, emblème de Séné.

Vannes

Qui n'a pas succombé ou ne succombera pas au charme de Vannes, en breton gwened (la blanche) ? La ville a reçu le label "Ville d'art et d'histoire ".

Premier rendez-vous avec l'histoire de la cité en flânant dans ses ruelles :

Les maisons à pans de bois des 15e et surtout 16e siècle ont fait l'objet d'une restauration fort soignée : place Saint-Pierre, place Henri IV, place des Lices, etc... C'est sur cette place que se déroulaient les tournois du Moyen Age. Après l'union de la Bretagne à la France en 1532, les tournois céderont la place au jeu de lutte bretonne. L'oeil s'étonne de tant de couleurs sur les façades. Les pratiques anciennes ont été reprises : la peinture participait à la fois à la conservation des bois et à la décoration.

Le granit sera lui aussi utilisé, spécialement à partir de 1675, date à laquelle le Parlement de Bretagne fut contraint de quitter Rennes. Il fallait loger les parlementaires en exil. Les élégants hôtels particuliers de la rue Saint-Vincent en témoignent.

La visite continue. En face de la cathédrale Saint-Pierre se trouve le bâtiment de la Cohue, jadis halles au rez-de-chaussée et aussi cour de justice, au premier étage. Il abrite maintenant les collections du musée des Beaux Arts et des expositions temporaires. Il faut aussi aller voir les têtes joufflues et ravies de "Vannes et sa femme " qui ornent la façade de la maison à l'angle de la rue Rogue et de la rue Noé. Il aurait été de tradition au Moyen Age de représenter sur les façades le maître et la maîtresse de maison. Ceux-là avaient plutôt l'air sympathique.

Une petite halte maintenant à la porte Saint-Patern ou porte Prison. Y furent entre autres emprisonnés les émigrés pris à Quiberon après le débarquement de 1795. Les remparts serviront de décor à leur exécution .... Des jardins à la française étalent maintenant leurs couleurs au pied des remparts. La tour du Connétable veille sur l'ensemble. Tout près, des lavoirs bordent la rivière Marle.

Pour en découvrir davantage, on peut se procurer au musée de la Cohue le recueil Le tour de la ville en 24 fiches, dont 2 circuits à caractère patrimonial.

Les vieux lavoirs de Vannes, hier *(carte postale ancienne, collection privée Jacqueline Cantaloube)* et aujourd'hui *(photo Jean Cantaloube)*.

39 VANNES. — Les Vieux Lavoirs. — LL.

49

VANNES

le Prat
le Saindo
Salarun

Entrep.
Poste gaz
Chât.
Kerisui

46.4 PF
Zone industrielle
le Perenno

la
Grenouillère
le Poulfanc
St. épur.
Runiac
Kerlurec
· 25

Château
de Limoges
D 779bis
St-Laurent
Entrep.
Us.
Bne
Noyance

almont
St-Laurent
N 165

Arcal
Clin.
15
Kercourse
Balgan
le Poteau Rouge
11

Tohannic
Bne
14
St-Goustan
26

Kerfontaine
Hipp.
Cano
Sins
23
Bonnervo
la Mad

34
12
Bindre
Roz
er Zins
D 780
Lanouit

Kerhuilieu
la Belle
Etoile
le Pirenno
le Pratel
Lanfloy
11
Plaisance

31
St. épur.
Dolan
Lirey
35

svelet
Cantizac
Falguérec
Marais
de
Falguérec
Trebelvaud

16
Hergrip
Réserve biologique
Kerentréh
Kerbiller

SÉNÉ
le Goah
Ver
Brouel-
Kerbihan
Bge
des eaux
Etang de Noyalo

quin
le Morboul
GR 34
2
Brouel
le Goho
le Pont
de Noyalo
21

32
20
21
22
23
Noyalo

Gressignan
11
0.5
Quélennec

33
Michotte
D 780
12

Mousterian
Ozon
Bilherbon
Birhit
36

le Ruello
Kerleguen
Kerarden
Cléguer

Bourgerel

Petit Rohu
l'Isle

Grand Rohu
Montsarrac
Kerabus
16

Fuseau
la Villeneuve
la Garenne
Inezic
Kerfontaine
23
Kerbiscon

Château
de Bot Spern
0.3
le Hézo
Gragopné
Kerlamio

Île Quistinic
38
Corn Bihan
le Passage
Étang
du Hézo
le Barro
le Hayo
la Ville
au Vent

les Truies
Île Tascon
(Comm. de St-Armel)
le Poulho
Kermah
Brionel

17
le Puemen
37
Lezuis
Étang
de Brionel

Île
Bailleron
Comm.
St-Armel
la Dervenn
0.6
St-Armel
1 km
Étang
de Lezuis

HAN
Enezy
(Dom Marit.)
Anc. min.
Carte IGN 0921
Kervaché

dic
le Diable
39
Bel-Air
Borhoedic

Lasné

33 Aller à gauche puis à droite au Nord sur un chemin qui aboutit à un carrefour routier au lieu-dit Le Purgatoire à l'entrée de **Séné**.

De **Séné** au **pont de Saint-Léonard**   `7 km` `1 h 45`

De l'entrée Sud-Est de **Séné**, suivre au Nord-Est un sentier qui mène à la réserve naturelle de Falguérec *(observatoire d'oiseaux)*. Gagner Falguérec, puis au Nord, La Belle Etoile. Prendre la route à droite sur 300 m, puis bifurquer à gauche sur un sentier qui rejoint Bindre. Continuer sur la route sur 100 m.

34 Emprunter le sentier à droite. Passer Cano. A Balgan, utiliser la route à gauche sur 700 m, puis partir à droite sur un chemin. Gagner la chapelle Saint-Laurent puis la D 779. La prendre à droite et franchir le **pont de Saint-Léonard**.

Du **pont de Saint-Léonard** à **Noyalo**   `6 km` `1 h 30`

A Noyalo :

Après le **pont de Saint-Léonard**, suivre à droite un chemin le long de la rivière, puis continuer sur une route. Prendre à droite la D 780 *(prudence : route très fréquentée)*.

35 Obliquer à gauche sur la D 195. Franchir le pont de Noyalo. Peu après la digue, emprunter à gauche un chemin qui contourne par l'Est le bourg de **Noyalo.**

De **Noyalo** à **Lasné**   `15 km` `3 h 45`

A **Noyalo**, suivre la D 195 à gauche. Prendre à gauche une route sur 500 m. Passer Quélennec et partir à droite. Aller sur la D 195 à droite sur 200 m. Emprunter un chemin à gauche le long d'un terrain de sport sur 500 m. Il tourne deux fois à droite. Utiliser le passage inférieur pour couper la D 780, une route au Nord sur 100 m, puis à l'Ouest sur 100 m.

36 Tourner à gauche dans un chemin qui conduit à Bourgerel et à l'Isle. Virer à droite sur la route, puis prendre à gauche le sentier côtier qui débouche dans Le Hézo.

37 Après la digue, suivre à droite un chemin de marais. Emprunter à droite la D 199, puis aller à droite sur la route. Prendre le sentier côtier à droite et gagner Le Passage.

38 Continuer la route côtière au Sud. Après une vaste baie, suivre à droite le sentier côtier qui aboutit à la chaussée submersible de l'île Tascon.

▶ L'île Tascon est accessible à marée basse. Une route conduit à la pointe Nord-Ouest *(point de vue sur le golfe du Morbihan et ses multiples îles)*.

39 Poursuivre jusqu'à **Lasné**.

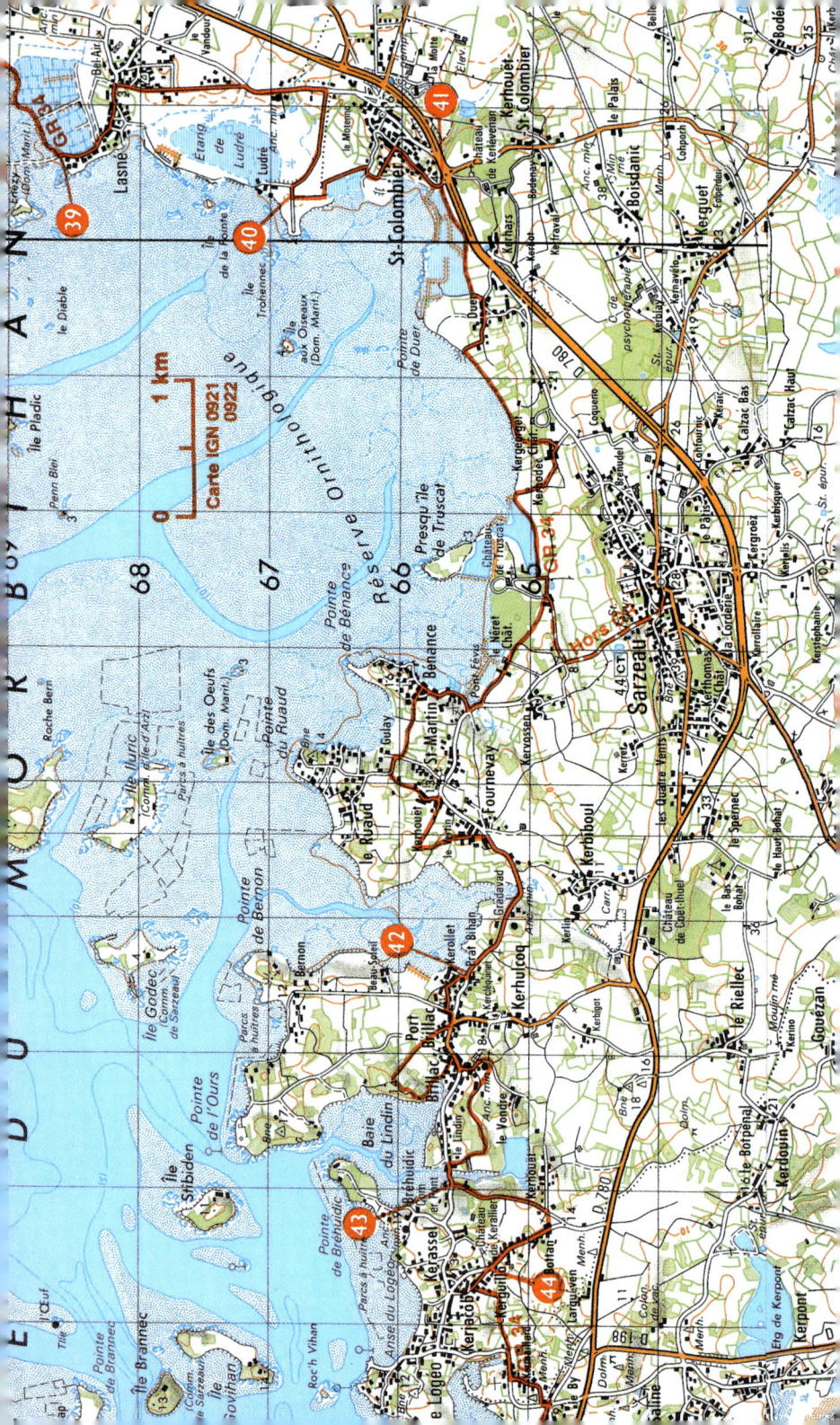

De **Lasné à Saint-Colombier**   `4 km`   `1 h`   ▬

Passer **Lasné** et prendre à droite une route en direction du Sud pour contourner l'étang de Ludré. Au second carrefour, emprunter à droite une petite route à l'Ouest vers la pointe.

40 Avant d'arriver au rivage, s'engager à gauche sur un chemin qui devient route et conduit à **Saint-Colombier**.

De **Saint-Colombier à la route de Sarzeau**   `5 km`   `1 h 15`   ▬

A **Saint-Colombier**, prendre la route au Sud-Ouest.

41 Avant le carrefour avec la D 780, utiliser le sentier côtier des marais du Duer. Traverser Duer, poursuivre le sentier, puis aller à Kerbodec. Traverser le hameau et continuer par un chemin vers l'Ouest. Il atteint une **route près de Sarzeau**.

Hors GR pour **Sarzeau**   `2 km`   `30 mn`

A Sarzeau : 🏠 🏨 ⛺ 🛒 ✕ ℹ ☕ 🚌

Prendre la route à gauche. Au carrefour, tourner à gauche.

De **la route de Sarzeau à Brillac**   `6 km`   `1 h 30`   ▬

Couper la **route de Sarzeau**. Le chemin mène au château de Neret. Poursuivre sur la route. A Pont Févis, s'orienter à droite et gagner Bénance. S'engager à gauche sur un chemin vers l'Ouest. Il passe Gulay, Kerhouët et mène à Fournevay. Continuer sur la route principale jusqu'à Prat Bihan.
42 Prendre à droite un chemin qui rejoint Port Brillac. Suivre la route à droite, tourner à droite sur une route. Obliquer à gauche sur un chemin qui, après une boucle, atteint **Brillac**.

De **Brillac à Arzon**   `12 km`   `3 h`   ▬

A Arzon : 🏠 🏨 ⛺ 🛒 ✕ ℹ 🚌 ☕

A **Brillac**, suivre la route à droite, puis la route à gauche sur 200 m. Partir à droite sur un chemin qui débouche sur la route à Corn er Pont. L'emprunter à gauche.

43 Après la digue de l'étang, tourner à gauche sur une route qui mène à Bottan. Au carrefour, suivre la route à droite jusqu'à Kerjacob.

▶ Possibilité de gagner l'anse et le port pittoresque de Logéo : utiliser la route au Nord.

GOLFE

Berder
Banc de...
(Comm. d'Île-aux-Moines)
Anse du Guip
Chantier naval
Penhap
Île
Longue
Pte Veïzit
Amer
Île de la Jument
er Lannic
Cairn
Tumulus
le Gréguan
Tre
Cromlech
Kerbozec
Pointe de Brannec
Île Brannec
(Comm. de Sarzeau)
Île Govihan
pnte de Penbert
Hent-Tenn
Pointe de Kerners
46
Pointe de St-Nicolas
Pointe de Nioul
émorent
Tre
Bilgroix
le Motenno
Gymn.
Kernel
Anse de Kerners
Kerners
Kervégan
Pen Castel
Pointe du Béché
Roc'h Vihan
Parcs
47
Port Navalo
Bourgneut
Musée
Dolm
Anse du Loge
le Logeu
Phare
Atel
Arzon
D 780
C
45
Etang de Pen Castel
Keravalpe
Béninz
Porh Nozé
le Poul
Keriacob
Kerguilla
Toulassais
Kercouédo
Villan
Centre de Thalassothérapie
Butte de César
Tumulus
Kerlanic
le Net
Kermaillard
GR 34
Port du Crouesty
Petit Mont
Plage du Fogeo
Keriouanno
Tumiac
Menh.
By
Menh.
44
Larguéven
Roff
Menh.
Dolm.
48
Plage de Kervert
Kervert
la Saline
Menh.
Colon. de vac.
Menh.
Petit Rohu
Baie d'Abraham
49
Anc. blockh
Colon. de vac.
Bre
Grand Rohu
Plage des Govelins
les Govelins
Kerpont
Etg de Kerpont
la Villeneuve
la Croix Daniel
Keraud
Centre de
Anse de Cornaud
Cornaud
Centre de
Pointe du Grand Mont
Basse de St-Gildas
Roche de l'Epieu
St-Gildas-de-Rhuys
GR 34
0   1 km
Cartes IGN 0821 - 0921
0822 - 0922
Plateau du Grand Mont
Port Maria Plage
Pointe de Men Maria
50
Basse du Grand Mont

44 Prendre à gauche un chemin. Poursuivre sur la route vers l'Ouest, puis tourner à gauche au premier carrefour et rejoindre Le Net.

Couper la route et emprunter au Nord-Ouest un chemin qui conduit à Beninz. Emprunter la route à droite. Passer le moulin de Pen Castel et poursuivre 500 m.

45 Regagner la côte par un chemin à droite. Continuer le long du rivage jusqu'à l'extrémité du chemin et remonter à gauche vers la rue qui traverse Kerners. La prendre à droite. Aller jusqu'à la cale de Bilouris.

46 Emprunter le sentier côtier. Il passe deux pointes et arrive près du centre d'Arzon.

D'Arzon à Port Navalo — 6 km — 1 h 30

47 A **Arzon**, laisser le centre du village. Poursuivre sur le sentier côtier jusqu'à la pointe de Bilgroix, puis sur la route qui mène à **Port Navalo**.

De Port Navalo aux remparts de Kerjouanno — 8 km — 2 h

A **Port Navalo**, utiliser le chemin côtier jusqu'au port de Crouesty. Contourner le port en longeant les quais et continuer par le chemin littoral du Petit Mont jusqu'à la plage du Fogeo. Le sentier se poursuit en arrière de la plage et gagne les **Remparts de Kerjouanno**.

Des Remparts de Kerjouanno à Port-aux-Moines — 7 km — 1 h 45

48 Aux **Remparts de Kerjouanno**, continuer le sentier côtier jusqu'à Kervert.

49 Poursuivre sur la route jusqu'à hauteur de la plage des Govelins. Trouver un chemin en arrière de la plage. A l'extrémité, le sentier côtier continue sur la falaise, passe la pointe du Grand-Mont et gagne **Port-aux-Moines**.

Hors GR pour le centre de **Saint-Gildas-de-Rhuys** — 1,5 km — 20 mn

A Saint-Gildas-de-Rhuys :

Voir tracé en tirets sur la carte.

GR 34

Anse de Sucinio

Kermoïzan
Vopehenn
Kerguet
Boisdanic
Anc. me
38 Min
Conpon
Anc. moulin
Sucinio
Corn er Pont
GR 34

Chât. ruiné
Anc. moulin
Beg Lann
Q Bal.
Basse de Beg Lann

de Calzac
la Brousse
Anc. Marais salants
55
Domaine de Sucinio
Ancien Fort
Cartes IGN 0921 0922
1 km
0

Roh Beniguet
Q Bal.
l'île

de
psychiatrique
St.
épur.
St.
Caltac Haut
Sodrio
Roh Naben
54

Coquebu
de
St. pump
le Rohaliguen
Roh Naben

Brûhle
Loquenolo
Kernaville
Brehudel
Kerrilë
Kerguet
26
Confournic
Caltac Bas
1.6
Bne
29.2
l'Lan Hoédic
le Fort
da. Lan Hoédic
St. Test
3

le Palio
St. épur.
Kerbiay
Kergroëz
Kérouôls
Kergorange
Bne
Moulin 31
Brouel
St. pump
Brevenaste
Kerfontaine

SARZEAU
4 4 CT
Kerhomel
Kerollaire
Villenhave
le Net
29
Kerfontaine
Pointe de St-Jacques

les Quatre Vents
Kercoquen
Kerblay
Colon. de vac.
Merignard
Kerfontaine
feu

Kerbiboul
la Ordberzhe
Kercoquen
Kersaul
53
52
Kerbodo
Pointe de St-Jacques

le Spernec
le Haut Bohal
35
27
Kengoillenuk
Trehial
la Grée
St-Jacques
54
51

le Bas Bohal
Moulin mé
Kerino
Élev. avic.
38
Chât. d'eau
38
Kersauz
la Grée
St-Jacques
Camping St-Jacques
GR 34

Château de Dér-Ihuel
36
Gouëzan
41
le Cossay
29
GR 34

Kerblgot
le Riellec
D 198
34
le Cossay
Kergoff
Kercambre
le Bozec
l'île

le Botpenal
21
Kerdouin
Chenebi
Keroman
Anc. Min
33
Kernolvec
Kerfago
le Bozec

Menhir
Dolmn
D 780
Moulin
Menhir
les Govelins
Keraudren
Cornaud
Keroman
Kerfago
l'île

Kerpont
Érg de Kerpont
Cornaud
50

la Saline
D 198
Colon.
Menhir
les Govelins
la Villeneuve
le Croix
Daniel
Port Maria
Plage Bal.
Pointe de Men Maria

49
GR 34
Plage des Govelins
St-Gildas-de-Rhuys

Bne
Anse de Cornaud
Grand Mont
Pointe de Men Maria

De **Port-aux-Moines** à **la pointe de Beg Lann**   `10 km` `2 h 30`

50 A **Port-aux-Moines**, poursuivre sur le sentier côtier.

51 Déboucher sur une route peu avant Saint-Jacques, près d'un camping. Gagner le hameau de Saint-Jacques. Quitter le trottoir à l'extrémité de la plage et utiliser un chemin côtier. Il aboutit à une rue. La prendre à droite.

52 Tourner à droite au carrefour de rues et gagner la chapelle de Trevenaste.

53 Peu après la chapelle, s'engager à droite sur un sentier qui descend dans un lotissement. A l'entrée du lotissement, emprunter à gauche une petite route qui mène à Rohaligen.

Plage réputée et lieu de pêche à pied de tout premier ordre.

54 A Rohaligen, poursuivre vers l'Est sur le chemin côtier jusqu'à la **pointe de Beg-Lann.**

Presqu'île de Rhuys. *Photo Yvon Boëlle.*

Arzon-Le Crouesty

Devenu l'une des stations balnéaires les plus importantes de Bretagne, avec un port de plaisance en pleine extension, le village a quelque peu perdu son charme sous les nouvelles infrastructures touristiques. Mais les randonneurs feront rapidement la part des choses et ne manqueront pas de partir à la découverte de l'une des plus belles côtes encore préservées de la presqu'île. A l'entrée du port, se situe la chapelle Notre Dame du Crouesty, achevée en 1821. Non

loin, le cairn du Petit Mont, un tumulus mégalithique, domine le port du haut de ses 41 m. . De là, on peut reprendre le sentier des douaniers jusqu'à Saint-Gildas-de-Rhuys. Le tumulus de Tumiac, à l'entrée d'Arzon, est l'un des plus beaux vestiges néolithiques de la région. Selon la légende, c'est du haut de cette butte que César aurait commandé la célèbre bataille navale menée contre les Vénètes en 56 av. J. C .

Saint-Gildas-de-Rhuys

Gweltas, un moine breton, décida au début du 6e siècle de fonder une abbaye près de la pointe du Grand Mont. Aussitôt, s'amorcèrent le déboisement des épaisses forêts, le défrichement des landes, la création des premières salines et des premiers moulins.

L'abbaye de Saint-Gildas devint vite un important centre culturel dont le rayonnement s'étendait bien au-delà de la presqu'île de Rhuys.

Au fil des siècles, l'édifice subira des périodes de déclin et beaucoup de restaurations.

L'église est un des rares exemples, en Bretagne, d'architecture romane à déambulatoire. Celui-ci permettait aux pèlerins de circuler plus aisément. De la période romane subsiste le chevet à absidioles. Les modillons s'ornent de masques et les chapiteaux d'un décor végétal. Le trésor compte

parmi les plus riches témoins de l'orfèvrerie religieuse bretonne.

Ici plane le souvenir d'Abélard. Le célèbre théologien et philosophe, après avoir subi le terrible châtiment que l'on sait, entama une vie d'errance de monastère en monastère. Il s'arrêta quelque temps à Saint-Gildas, sans y trouver l'apaisement attendu. De plus, son autorité se heurtait à beaucoup d'opposition du côté des moines. Il écrivait à sa chère Héloïse : « J'habite un pays barbare dont la langue m'est inconnue et en horreur ; je n'ai de commerce qu'avec une population brutale et sauvage, mes promenades sont les bords inaccessibles d'une mer agitée. Mes moines n'ont d'autre règle que de n'en pas avoir... »

Il en partit en 1132, après avoir échappé à une tentative d'empoisonnement.

Le château de Sucinio

Surprenante la situation de ce château, en quasi bordure de l'océan, entouré en partie de marais, au sud de la presqu'île de Rhuys.

Les deux cerfs sculptés qui ornent le haut du porche d'entrée donnent en partie l'explication : au Moyen Age il y avait là une grande forêt. Ce fut donc à l'origine un manoir qui servait de retraite de chasse. Agrandi par les ducs de Bretagne successifs, il devint l'une de leurs résidences préférées. Mais à la seconde moitié du 15e siècle, les ducs préférèrent séjourner à Nantes. Le Val de Loire attirait beaucoup et la cour de France aussi....

Isabeau d'Ecosse, duchesse douairière, y séjournera et fera aménager parc, jardins et tonnelles. S'y succéderont ensuite les princes d'Orange, puis le duc de Mercœur et la famille de Conti.

La Révolution arrive : elle s'accompagne bien sûr de dégradations. Comme beaucoup de monuments, le château sera vendu à un particulier et deviendra ... une carrière de pierres ! Heureusement, Prosper Mérimée passa par là en 1835. En 1840, le château est classé dans les monuments nationaux remarquables.

En 1965, le Conseil général du Morbihan décide de racheter le domaine. Les travaux de restauration n'ont pas cessé depuis. Un musée de l'histoire de Bretagne y

a été installé. On peut notamment y admirer deux pavements découverts en 1975 dans la chapelle située hors murs et détruite au 13e siècle. Les déblais dont elle fut recouverte ont sauvé 300 m^2 de décors de sol dont les motifs s'animent de décors imaginaires aux chaudes couleurs.

Le décor du château constitue aujourd'hui un lieu d'accueil privilégié pour les classes du patrimoine. Douves, logis, vastes cheminées, courtines, tours, mâchicoulis, bastions. Une façon passionnante pour les enfants d'apprendre l'histoire.

Château de Sucinio. *Photo Jean Cantaloube.*

Épinay

Pen
Cadenic

le Port
Moulinarno
le Bodo
le Cojor

Peneff
Bradenn
le Guervern

le Grand Rocher

59

58

Cartes IGN 0921 0922

le Rouvrgnou

0   1 km

le Borenis

Passe de l'

le Lenn

Plateau
des Passes

65

Pointe de Penerf

GR 34-195

le Tour du Parc

Kertopinel

Rouvran

Kermot

Roch Vihan

Kerzamba

Olcaden

57

Banaste

Pointe Becudon

l'Artimon

la Truie

Passe de l'Ouest

Pointe de Penvins

56

Chap.

Plateau de Penvins

Penvins

la Grée Penvins

les Demoiselles

D 199

D 198

Camping de

Anc. moulin

Anc. moulin

Plage de Penvins

la Maison Neuve

Quintin

la Lande du Matz

Bodaval

Poulhor

Bodérin

Coët d'Amour

Kerbiguet

Landrezac

la Cour

la Saline

Anc. moulin

Kermoïzan

Sucinio

Corn er Pont

Kerhouet
St-Colombier

le Palais

Boisdanic

Kerguet

GR 34

Anse de Sucinio

Beg Lann

Béniguet

D 780

GR 34

55

Domaine des
de Sucinio

De **Beg Lann** à la chapelle de Penvins   `6 km` `1 h 30` ▭

A la **pointe de Beg Lann**, contourner les bâtiments par l'Ouest.

55 Retrouver le sentier côtier. Il longe la plage de Landrezac jusqu'à la hauteur d'un parking.

▶ Accès au château de Sucinio, à 750 m au Nord, par une petite route *(voir tracé sur la carte)*.
Ses tours imposantes du 13ème siècle s'élèvent dans un site pittoresque près de la mer. Panorama sur le golfe du Morbihan. Visite.

Poursuivre sur le sentier côtier et parvenir à la **chapelle de Penvins**.

▶ Une boucle de 2 km sur le sentier côtier permet d'effectuer le tour de la pointe de Penvins où se trouve la chapelle.

De **la chapelle de Penvins** au **Tour-du-Parc**   `10 km` `2 h 30` ▭

Au Tour-du-Parc : ▦ ⛺ 🛒 ✕ ☕

Près de la **chapelle de Penvins**, à la hauteur du parking, suivre la route à gauche.

56 Reprendre à droite le sentier côtier qui aboutit au pont de Banaster *(importants établissements ostréicoles)*. Franchir le pont.

57 S'engager à droite sur le sentier côtier qui mène au parc à huîtres de Castel.

58 Continuer en direction Nord-Est sur une route qui rejoint Pen-Cadenic. Gagner un carrefour de routes.

▶ Au carrefour, accès à droite à la cale de Pen Cadenic : liaison maritime en été seulement vers Penerf (de l'autre côté de la rivière).

Tourner à droite puis à gauche au croisement suivant. Poursuivre sur la route côtière.

59 Avant le carrefour avec la D 195, prendre à droite un chemin qui gagne Boderharff.
Emprunter la petite route à gauche. Elle conduit au **Tour-du-Parc**.

▶ Ici se termine provisoirement le GR® 34.

Plage de Kerhillio

88   90   91   92

Kerarno

Kerhellegan

Ste-Barbe

Alignements
Poste Electr.

Kerbéren

Menhir
du Vieux
Moulin

Kerlévénan

Runesto

Brénantec

Henlis

Abb. Ste-Anne

GR 341

l'Observatoire

Kerfourchel

Glévenay

Gare

D 768

Plouharnel

Abb.
St-Michel

Dunes
Domaniales
de
Falaise vivante
Plage non balisée
Grande
Plage
de
Quiberon

Arzt

Blockh.

Port en Iliz

Menh.
St-Guénhaël

Kercroc

Kergavät
Statue

le Bihan

Kerbachic

Kerderff

le

D 781

71   70   69   68   67   66   64

Kerhellec

Kerroch

Kergouillar

Kerhuéno

Kerléjean

Bourgerel

Baie de Plouharnel

Men
er Stér

à Huîtres

Parc à
Huîtres

Beg Luen

pte du Pô

Anse du Pô

le Pô

St-Colomban

Pen er Lé

Kérivor

les Deux
Frères

Forêt

Lég

Domaniale
de Quiberon

Parcs à Huîtres

Plage
de St-Colomban

Plage des Sables Blancs

Col e
le Ver

pte St-Colomban

Men Toul

Penthièvre

Gare

Ile Téviec

Guernic

Col e
de Vac.

dan

0   1 km

Basse Corvec

Cartes IGN 0821
0822

B. Roh Goulien

Auter

Fort de Penthièvre

pte de Kerhostin

Men Melein

Pen Goc'h

Men er Roué

Pen Hoh

Carrec Lagalas

Guédic

Kerhostin

Roh Vidic Bihan

Ile Tilic

Roh Brennic

Roh Vidic Braz

Portivy

Lizeu

Beg en Aud

Men Bihan

Beg Quilvi

B   A

GR 341

la
Roch

Ours de Kerret

Kéraude

pte du Percho

Porz Guen
(Port Blanc)

Zone
Artisanale

2,1

St-Pierre-Quiberon

Port Blanc

Kergroix

3 2 1 4 5 7 6

Le sentier GR® 341
La presqu'île de Quiberon

▶ Le GR® 341 totalise 55 km à l'intérieur et sur les côtes de la presqu'île. Pour des raisons pratiques, le descriptif débute à Plouharnel. L'itinéraire emprunte ensuite le GR® 34 jusqu'au hameau de Sainte-Barbe.

De **Plouharnel** à la jonction avec le **GR® 34**   `1 km`   `15 mn`

A Plouharnel : 🏛 🛏 ⛺ 🛒 ✕ ℹ️ 🚌 🚊

1 Quitter **Plouharnel** en direction de Quiberon et prendre à droite la rue de Sainte-Barbe qui rejoint le Glévenay où s'opère la **jonction avec le GR® 34.**

De la jonction avec le **GR® 34** à **Kerhostin**   `11 km`   `2 h 45`

2 A la **jonction avec le GR® 34**, au bout de la rue, suivre un chemin qui conduit au pittoresque village de Sainte-Barbe.

▶ Séparation du GR® 34 qui se dirige vers Lorient et la pointe du Raz.

3 Descendre vers la côte au Sud par un chemin qui aboutit à la D 768. Contourner le stade et prendre un chemin côtier jusqu'à une route et un passage à niveau.

4 Franchir la voie ferrée et continuer vers le Sud sur le chemin qui la longe. Aux premières maisons de Penthièvre, emprunter un chemin à droite, couper la D 768 et rejoindre la côte Ouest. La suivre et, à la sortie de Penthièvre, avant l'isthme, couper la D 768, franchir la voie ferrée et suivre la côte Est.

5 Face au fort, à la hauteur d'un parking, s'engager sur le sentier côtier qui mène à **Kerhostin.**

De **Kerhostin** à **Port Haliguen**   `12 km`   `3 h`

6 Au bout du chemin, prendre à droite la rue de **Kerhostin** vers l'Ouest. Couper la D 768 puis la voie ferrée et gagner la côte Ouest.

7 Suivre le sentier côtier jusqu'à Port Goulom (Port Pigeon).

Le débarquement de Quiberon

27 juin 1795 : 10 000 émigrés royalistes venus d'Angleterre débarquent en baie de Quiberon. La jonction prévue avec les Chouans de Georges Cadoudal - ils sont 12000 - se fait comme prévu. Tout semble s'organiser, mais des discordes apparaissent chez les royalistes. Leurs chefs, d'Hervilly et Puisaye, n'ont pas la même idée sur la distribution des armes et la stratégie à développer. Les Chouans sont finalement armés et passent à l'offensive. Les " Bleus ", sous la conduite du général Hoche, sont eux aussi passés à l'offensive. Les chouans sont en colère : ils sont en fait les seuls à combattre, les royalistes sont restés à Carnac, d'Hervilly refusant l'aide escomptée des régiments. Le 5 juillet, d'Hervilly replie ses troupes à l'abri du fort de Penthièvre. Il faut battre en retraite. Georges Cadoudal, dont la bravoure force l'admiration, a commencé à organiser la riposte avec "l'armée rouge " (3 000 hommes en uniforme rouge). Mais alors qu'ils sont à Châtelaudren, ses hommes et lui apprennent la prise de Quiberon par le général Hoche dans la nuit du 20 au 21 juillet. La répression va être sanglante : emprisonnements, exécutions. C'est la fin de la première chouannerie, mais pour Cadoudal, le combat n'est pas terminé. Il est élu " général " des Chouans du Morbihan. Une deuxième chouannerie, puis une troisième vont s'organiser au fil de l'histoire de France : Directoire, coup d'Etat du 18 brumaire, Consulat, Concordat.

Le 9 mars 1804, Georges Cadoudal est arrêté à Paris, où il avait projeté d'enlever le Premier Consul ... Il sera guillotiné le 25 juin, en criant "Vive le Roi ". Il n'avait que 33 ans.

Une spécialité quiberonnaise : les conserves de poisson

Mise en conserve de sardines.
Photo Conserverie la Belle-Iloise.

La tradition de la conserve remonte ici à 1932, année de création du premier atelier de la conserverie " la Belle-Iloise ". L'entreprise a ouvert ses portes aux visiteurs, les conviant à une visite surprenante au coeur d'une production dont la qualité reste le maître-mot. Le savoir-faire n'a pas changé, tout en s'adaptant aux normes européennes d'hygiène et de sécurité. " la Belle-Iloise " a été élue en 1997 et 1998 meilleur site de tourisme industriel et technique de Bretagne. Les spécialités de conserves : sardine, thon, maquereau, anchois, soupe de poisson, bisque et aussi des crèmes à tartiner pour les toasts.

Visite et dégustation gratuites. Une bonne idée pour occuper un jour de pluie (cela peut arriver !)

Les noces d'antan

Elles donnaient lieu à de grandes réjouissances et réunissaient beaucoup d'invités, plusieurs centaines quelquefois. Dans le Morbihan, on était réellement invité alors que dans la Cornouaille voisine, chaque invité réglait son écot.

Les noces avaient lieu le mardi. La fête durait trois jours. Dès le lundi, le boucher s'activait, il fallait une quantité de viande impressionnante. Il était courant de tuer un boeuf, sinon deux, et plusieurs veaux. Les parents des mariés devaient avoir un cellier bien garni. Les barriques de cidre se vidaient rapidement, sans compter le vin et l'eau-de-vie. Le boeuf était servi bouilli et le veau en ragoût, précédés d'un potage. Il était aussi de coutume de servir des tripes, dégustées avant de partir pour la messe. Certains venaient de loin et les kilomètres parcourus à pied bien souvent aiguisaient l'appétit. Une précision : les invités apportaient leur cuillère et leur couteau.

Il fallait une fameuse intendance : les femmes du voisinage aidaient pour l'épluchage des légumes, la cuisine et la vaisselle. Chaudrons et marmites étaient réquisitionnés et chacun avait une tâche bien précise. Il y avait les spécialistes du ragoût, ceux de la soupe, etc.

Le dessert ? Des gâteaux bretons et du far bien enrichi de pruneaux et raisins secs. Des marchandes proposaient aussi des brioches dans de grands paniers.

Le plus souvent, les invités étaient assis sur des échelles posées sur le chant de chaque côté des tables. Il arrivait aussi que l'on mange sur la terre, recouverte d'un drap en grosse toile. On creusait alors de chaque côté un fossé au bord duquel on s'asseyait.

Les mendiants, qui aidaient au ramassage du bois pour chauffer les marmites, avaient eux aussi leur part de noce.

Les danses au son des bombardes et des binious réjouissaient le coeur et les jambes.

Noce d'antan dans le Morbihan. *Carte postale ancienne, collection Conservatoire régional de la carte postale de Baud.*

Men Melein
Pen Goc'h
Fort de Penthièvre
Pen Hoh
Carrec Lagalas
Guédic
Roh Vidic Bihan
Roh Vidic Braz
Beg en Aud
Men Bihan
Île Tilic
Portivy
GR 34
66
Men e

p.nte de Kerhostin
Kerhostin
Roh Brennic
Lizeu
64
Beg Quilvi
Ours de Kerret
Beg Quilvi
Men e

B A

p.nte du Percho
Porz Guen
(Port Blanc)
Port Blanc
Kergroix
Port Rhu
Port Bara
la Truie
Port Goulom
Port Stang
Kerniscob
Kroh Hill
Port Kerné
Trou
du Souffleur
Port Kébau
Beg er Goalennec
Gergerit
Côte Sauvage

Roch
M.nh
Zone
Artisanale
Gare
Kéraude
St-Pierre-Quiberon
Kervihan
GR 34
Kerboulevin
Kernavest
Kerné
Kroh Hill
le Vivier
le Manémeur
Menh
Quiberon
Kervozas
Port
Pilote
Beg er Lan
le Pouliou
le Château
les Deux Frères
Port Maria

 Anc
min
Anc
semaphore
Sémaphore
Poste
de transform
GR 34
Roch Priol
Beg er Vil
Institut
de thalassothérapie

Ours de Kerbourgnec
Kerbourgnec
École nationale
de voile
Beg Rohu
Rohu
les Pierres Noires
Basse St-Julien
Baguen Hir
St-Julien
PRESQU'ÎLE
DE QUIBERON
Kermorvan
Port Haliguen
Fort Neuf
Pointe de Riberen
les Pierres Dupont
Aérodrome
de Quiberon-Morbihan
Menh
Anse du Conguel
Pointe
de Goulvars
Baz an Tréac'h
Basse St-Clément
le Four
Grande Margote
le Tonneau
Poin
du Cong
En Toul Bil

7
5
6
8
10
11

0   1 km
Cartes IGN 0821
0822

8 Quitter la côte. Se diriger vers l'Est sur un chemin qui rejoint la D 186. La prendre à gauche. Tourner à droite sur une petite route. S'engager à gauche sur un chemin après des maisons sur 150 m.

9 Virer à droite et s'orienter au Sud sur ce chemin. Parcourir 2 km. A un croisement, partir à droite jusqu'à la tour du point de vue de l'ancien sémaphore de Locmaria.

Du haut de la tour, vue panoramique sur l'ensemble de la presqu'île de Quiberon.

De la tour, revenir sur ses pas et poursuivre sur le chemin au Sud-Est vers le sémaphore de la Marine Nationale. Peu après, trouver une route qui rejoint la D 768. Prendre la rue en face vers Saint-Julien.
A l'église, s'engager à gauche dans la rue, puis à droite, dans une ruelle.

10 Emprunter à gauche un chemin qui descend vers la côte. Suivre le sentier côtier jusqu'à **Port Haliguen.**

De Port-Haliguen à Quiberon (Port Maria) `8 km` `2 h`

A Quiberon : 🏠 🏨 ⛺ 🛒 🍴 ℹ️ 🚌 🚆

A partir de **Port Haliguen**, le GR® emprunte le sentier côtier ininterrompu jusqu'à Port Maria. Il passe successivement à la pointe du Conguel, l'institut de thalassothérapie, la grande plage de Quiberon et rejoint le port de Port Maria à **Quiberon.**

▶ Embarcadère pour Belle-Ile et les îles de Houat et Hœdic.

De Quiberon à Port Goulom `6 km` `1 h 30`

11 A partir de Port Maria à **Quiberon**, le GR® continue sur le sentier côtier de la fameuse côte sauvage et rejoint **Port Goulom**.

De Port Goulom à Plouharnel `17 km` `4 h 15`

8 A **Port Goulom**, emprunter le GR® 341 dans le sens inverse du descriptif. Regagner Sainte-Barbe, suivre le GR® 34 vers le Sud-Est et retrouver **Plouharnel**.

▶ Une variante permet de rejoindre Sainte-Barbe en longeant la Grande Plage jusqu'aux installations militaires et en remontant au hameau par un chemin sableux *(voir tracé en tirets sur la carte de la page 62).*

Quiberon. *Photo Yannick Archambeau.*

POINTE DES POULAINS
les Chambres
Îles des Poulains
Fort Sarah-Bernhardt
Basse Badec
Port de Deuborh
Pointe du Cardinal
le Garo
Anc. fortin
Feux
Pointe de Kerzo
Basse Balloène
0 1 km
Cartes IGN 0822 0823
Puits de la Baguen-Hir
Deuborh
Bordéry
Port de Stêr-Vraz
Stêr-Ouen
Réserve Biologique
Pointe Vieux Château
Borcastel
Bortifaouen
le Port Blanc
Sauzon
Kergostio
Kerzo
Roc'h-Toul
Logonnet
Grotte de l'Apothicairerie
Borhuédet
Kerguec'h
Bortrion
le Grouign
Crawford
Bernantec
Port Jean
Port Fouquet
Pointe de Taillefer
Fort Taillefer
Sémaphore
Port St-Julien
Plage de Castoul
Haute Boulogne
Île En-Oulm
Magorlec
Borgrois
Chubiguer
Kerbellec
Andrestol
Quignénec
Taillefer
le Pavillon
Borstang
Bordéneo
Ker Pol Léo
Roserière
Tumulus
Locqueltas
Bois Trochu
Souverain
Loctudy
Bellevue
Citadelle
le Palais
Îles er Hastellic
Borderun
Lancreno
Kervau
Bruté
Linigour
Pontorgo
le Potager
Port de Borderun
Lanno
Borticado
Kergoyet
Colon. de vac.
Ramonette
Bordelann
Jean Menhir
le Moulin d'Anvorte
Jeanne Menhir
Kerlédan
Anvorte
Bordustar
Kersablon
Rosbosser
Bordilia
Port Halan
Kersablen
Kerdénet
Nanscol
Port de Kerlédan
D 25
D 30
GR 340

Le sentier GR® 340
Tour de Belle-Île

▶ Le parcours totalise 100 km. Les seules possibilités d'hébergement sont au Palais, à Sauzon, à Bangor et à Locmaria.

Pour certains, Belle-Ile serait une résurgence de l'Atlantide. Une chose est sûre, l'histoire de sa formation est aussi complexe que celle de son nom. Selon la légende, des fées auraient été chassées de la forêt de Brocéliande. Elles versèrent tant de larmes que se créa le golfe du Morbihan. Elles y jetèrent leurs couronnes de fleurs, qui donnèrent le jour aux trois cent soixante-cinq îles du golfe. Trois couronnes s'aventurèrent jusqu'à l'océan pour former Houat, Hœdic et, la plus belle, celle de la reine des fées, Belle-Ile...

Du Palais à Sauzon   `12 km` `3 h`

Au Palais :
A Sauzon :

1 Quitter **Le Palais** en longeant le port en ville. Au premier pont, partir à droite et contourner la citadelle par l'Ouest. Suivre le sentier côtier et gagner la pointe de Taillefer.
Continuer le sentier côtier vers l'Ouest. Passer la pointe du Fouquet, Port-Quignénec, Port Jean et rejoindre la pointe de Kerzo.

2 Peu après la pointe, se diriger au Sud sur 100 m, puis vers l'Ouest et Kergostio. Poursuivre sur un chemin qui aboutit à la D 30. La prendre à droite jusqu'à **Sauzon**.

De Sauzon à la Pointe des Poulains   `5 km` `1 h 15`

Quitter **Sauzon** par le Nord et gagner la pointe du Cardinal par une petite route côtière.

3 A la pointe, s'engager vers l'Ouest sur le sentier côtier qui rejoint la **pointe des Poulains**.

De la pointe des Poulains au port de Kerledan   `10 km` `3 h 15`

A la **pointe des Poulains**, poursuivre le sentier côtier vers le Sud. Il longe la côte sauvage, passe la pointe du Vieux Château, la grotte de l'Apothicairerie et le port de Borderun avant d'arriver au **port de Kerledan**.

Belle-Ile

Le bateau accoste au port du Palais, venant de Quiberon. Pied à terre pour la découverte !

Les pointes en avancée dans l'océan répondent ici aux noms de pointes des Poulains, de Taillefer, de l'Echelle, etc. alors que les plages se nichent dans des lieux comme Port Maria, Port Blanc,

Sauzon. *Photo Yvon Boëlle.*

Port Goulphar, etc. Les villages les plus importants, en dehors du Palais, se situent à Sauzon, Locmaria et Bangor.

Des noms émergent dans l'histoire de Belle-Ile. Celui du surintendant Fouquet d'abord, qui racheta l'île en 1650 à la famille de Gondi, mais n'y finit pas ses jours. Vauban fortifia la citadelle. Ile convoitée, il fallait la doter d'un système défensif efficace. Elle subit souvent les assauts des flottes anglaise et hollandaise. Prise par les Anglais en 1572 et 1761, elle fut rendue à la France en 1763. Les Acadiens y débarquèrent suite au traité d'Utrecht.

Le milieu naturel y est riche. Les amateurs d'ornithologie ne quitteront pas leurs jumelles. Le cormoran huppé occupe les replats des falaises, voisinant avec l'huitrier-pie, le grand corbeau et le crave à bec rouge (il se fait rare). A noter aussi la

Huîtrier-pie. *Dessin Pascal Robin.*

présence du pigeon biset, celui que les hommes ont de tous temps utilisé comme pigeon voyageur.

La réserve de Koz'h Kastell, située non loin de la célèbre grotte de l'Apothicairerie dont l'accès a dû être interdit pour des raisons de sécurité, abrite entre autres une impressionnante colonie de goélands. Prudence en période de nidification. La visite avec un accompagnateur de la SEPNB (Société pour l'étude et la protection de la nature en Bretagne) est conseillée.

L'amateur de botanique remarquera les différentes espèces d'ajoncs. L'ajonc d'Europe fut autrefois une providence pour les habitants de Belle-Ile. Il servait au chauffage, à la cuisson des aliments et aussi à la nourriture des animaux, après avoir été pilé. La flore maritime est bien représentée. Citons la criste marine qui, comme la salicorne, peut être utilisée comme condiment ; le caquillier, aux vertus antiscorbutiques ; le rosier des sables ou rose pimprenelle, la forme de ses feuilles rappelant celle de la pimprenelle ; l'immortelle des dunes, à l'odeur de curry ; neuf espèces d'orchidées et, comme à Groix, la bruyère vagabonde, etc.

Phare des Poulains. *Photo Yvon Boëlle.*

Ils ont aimé Belle-Ile

Nombreux sont les écrivains, artistes et autres célébrités à avoir fréquenté et aimé Belle-Ile. Tout d'abord Claude Monet qui a immortalisé, entre autres, les célèbres aiguilles de Port Coton. "Plus je vais, plus je reste émerveillé ", écrivait-il en 1886. Son ombre flotte dans un halo de fines touches de couleur sur les pointes du Talut ou celle du Grand-Guet, ou bien encore sur les petits villages du Cosquet ou de Kervilahouen.

Matisse, Maufra, Vasarely, etc. ont trouvé aussi ici source d'inspiration.

Le souvenir de Sarah Bernhardt est omniprésent bien sûr. Séduite d'abord par le fort de la Pointe des Poulains, elle l'acheta et s'y installa avec le peintre Georges Clairin. Mais elle délaissa un peu plus tard le fort pour s'installer au manoir de Penhoët. Elle aimait beaucoup la plage du Petit Donnant, au sable blond si doux et si fin... Ses amis venaient voir " la dame de Penhoët " comme l'appe-

laient familièrement les habitants de l'île. Parmi eux, Tristan Bernard, Edmond Rostand, etc. Quelques souvenirs de la grande tragédienne sont exposés au musée de la Citadelle.

Flaubert, Colette, Desnos, et bien d'autres sont venus goûter les charmes de ce morceau de terre immergé dans l'océan : " cette merveille des eaux bretonnes, Belle-Ile, la bien nommée " écrivait Anatole Le Braz.

Fort de la Pointe des Poulains. *Photo Yvon Boëlle.*

Port de Kerlédan
Baz Vélec
Port des Sonnettes
Porh Puns
Port Skeul
Port de Donnant
Anse du Vazen
Pointe du Grand Guet
le Four
Îles Baguenères
Port Coton
Aiguilles Rocheuses
Sirène de Brume
Port Goulphar
Îles de Domois
Pointe du Talut
Roches de Bornor
Port Kérel
Île de Bangor
Pointe du Grand Village
Plage d'Herlin
Pointe de St-Marc
Port de Pouldon
Port Guen
Kerlédan
Anvorte
le Moulin d'Anvorte
Jeanne Menhir
Bormené
Féténéguiau
Keroyan
Anter
Kervellan
Keriéro
Kerhuel
Bourdoulic
Aérodrome de Belle-Île-en-Mer
Ty-Néüé
Donnant
Bédex
Bornaliguen
Borsauz
le Vazen
Parc Brune
Radio-Phare
Grand Phare de Belle-Île
Kervilahouen
Envag
Radenec
Domois
Cosquet
Kernest
Camp de vac.
Kerel
Bordelouet
Bornor
Kerguélen
Borderec'h
Grand Village
Pennvaz
Bordrouant
Calastren
Kerprad
Bortémont
Bangor
Gouélan
les Gouléнno
Marta
Kerlan
Trion-Guen
Runello
Kersantel
Bois Trochu
Antoureau
Spernen
Kersablen
Kersablon
Bordustar
Kerdénet
Borgrouaguer
Kerspern
la Maison Neuve
Bordilia
Rosbosser
Pénécam
le Gouerch
Mérézel
Begarroz
Borthélo
Nanscol
Ripcuh
Port Halan
Ramonette
Anc. fort
Fort Larron
le Trou aux Chats
Kerloréal
Borfloc'h
Port Sal
Borda
Varrec
Parlavan
Kerguénolé
les Quatre Chemins
Kergallic
Gouastin
Kerourdé
Kerdaigre
Moulin Gouch
Kervarijon
Borlagadec
Herlin
D 190
D 190a
D 25
GR 340
0
1 km
Cartes IGN 0822 0823

Du port de Kerledan à Port Goulphar · 12 km · 3h

A Port Goulphar : 🏨 ✕

4 Du **port de Kerledan**, continuer le sentier côtier vers le Sud. Il longe la plage de Port Donnant et poursuit son cheminement par la pointe du Grand Guet et Port Coton avec ses aiguilles rocheuses. Gagner **Port Goulphar**.

Hors GR pour **Bangor** · 2 km · 10 mn

A Bangor : 🏠

De Port Goulphar à la pointe de Saint-Marc · 12 km · 3 h

5 A **Port Goulphar,** contourner l'anse en-dessous des hôtels et suivre le sentier côtier de la côte sauvage qui passe successivement à la pointe du Talut, au village de Bornor, à la pointe du Grand Village et arrive à la **pointe de Saint-Marc**.

Les pouces-pieds

Surprise lorsqu'arrive sur la table le plateau de fruits de mer : quel est cet étrange crustacé qui semble avoir des doigts terminés par des pouces ? Le serveur vous répondra qu'il s'agit d'un crustacé que l'on trouve à Belle-Ile et à Groix. Son nom savant : *Pollicipes cornucopia*.
Rare, il est très convoité. Il a donc fallu réglementer sa cueillette pour le préserver. Et cette cueillette n'est pas une mince affaire : cordes, burins, marteaux, sont nécessaires pour le détacher des parois des falaises auxquelles il se cramponne en grappes.
Si vous allez visiter le musée de la Citadelle, vous y verrez que ses formes inattendues ont inspiré le peintre Mathurin Méheut. Il est devenu en effet sujet pour une gouache et un décor d'assiette.

Coucher de soleil sur les Aiguilles de Port Coton. *Photo Yvon Boëlle.*

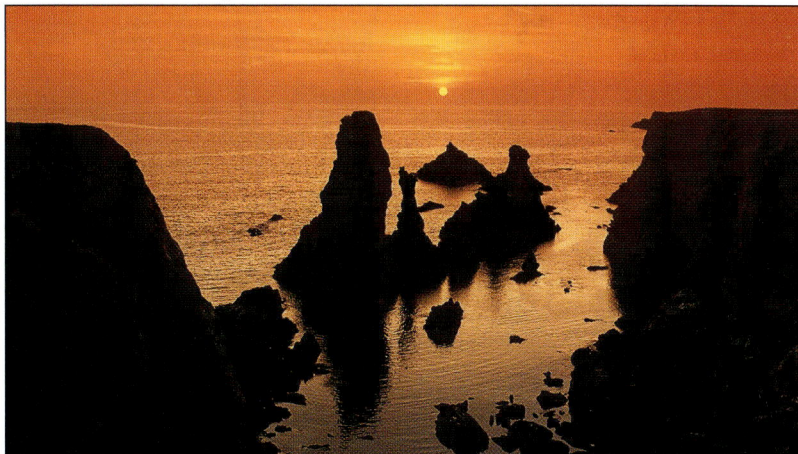

BELLE-ÎLE

Pointe de Kerdonis

les Galères

Basse de la

Pointe de Kerzo

Port An-Dro

Port Maria

Port Blanc

Pointe d'Arzic

Pointe du Skeul

Cartes IGN 0822 0823

0   1 km

Phare 47

Kerdonis

Kerouarh

la Bintie

la Bataille

Bordehouat

Nagoués

Bordéhantic

Bonnénalic

5

46

Kerzo

5

Borderenne

0.6

Locmaria

Hois

la Villeneuve

Kergolay

Skeul

GR 340

47

50

Kerdalidec

Borvran

71

Port Coët

35

Borduna

le Coléty

45

Kézoulep

Croix du Run

55

52

Samzun

Port Yorc'h

les Grands Sables

Te du Bugul

Pointe du Bugul

glock

GR 340

10

Kerdavid

Kerélop

55

le Coty

52

D 25

57

63

Bornon

Bourhic

57

Île de Bourhic

Port Loscan

Pointe du Gros Rocher

Redoute
Gros Rochel

Pl. de Bordardoué

Belle Fontaine

18

Arnaud

D 30a

7

Kervic

49

Praz Lédan

60

B

57

Pouldon

Pointe de Ramonette

le Palais

Anc. fort

Port Guen

Kerlin

Kervimes

Borsarazun

Tihain

27

Borchudan

Borthéro

Borchudan

55

le Grand Cosquet

13

Pouldon

55

Embarc°

Bordilha

39

Ripculi

Nagscol

Port Halan

36 Fort

Kerloret

Port Salio

Bordardoué

54

Gouastin

Kerourté

Kerdaigne

Moulin Gouch

Kervarijon

Bordagadec

Herlin

55

8

Bordéhélo

Mérézel

Kerguenola

Parlavan

Yarrec

les Quatre Chemins

53

Bortémon

Calastren

33

52

Bordgajant

Mordtgajant

Plage d'Herlin

51

le Village

D 190

GR 340

Pointe Marc

De la pointe de Saint-Marc à Port Maria | 11 km | 3 h |

De la **pointe de Saint-Marc**, se diriger vers la petite crique. Passer la pointe de Pouldon et faire le tour de la pointe du Skeul. Continuer par la pointe d'Arzic pour parvenir à **Port Maria**.

Hors GR pour **Locmaria** | 200 m | 5 mn |

A Locmaria :   🏛 🏠 🛏 ⛺ 🛒 ✖ 🚌

Aller à gauche en haut de la route.

De Port Maria au Palais | 15 km | 3 h 15 |

Au Palais : 🏠 🛏 🏛 ⛺ 🛒 ✖ ℹ 🚌 ☕

6 A **Port Maria**, poursuivre sur le sentier côtier qui s'oriente vers le Nord jusqu'à la pointe de Kerdonis qui marque la limite de la côte sauvage.
A la Pointe de Kerdonis, le sentier côtier passe sous le phare, puis vire au Nord-Ouest et se dirige à l'Ouest jusqu'à la plage des Grands-Sables et ses fortifications.

7 Continuer le cheminement par la Pointe du Bugul et le Port Yorc'h avant de rejoindre l'ancien fort et la pointe du Gros-Rocher.
Poursuivre sur le sentier côtier. Il passe à la hauteur de la plage Bordardoué et mène à Port Guen.

8 Prendre une route pour contourner l'anse. Franchir un petit pont au fond de l'anse et utiliser une route à droite. Au carrefour suivant, emprunter à droite vers le Nord le sentier côtier qui conduit à la pointe de Ramonette. Contourner le fort et suivre une petite route qui descend au bourg du **Palais**, *terme du tour de Belle-Ile.*

Le Palais. *Photo Yvon Boëlle.*

Le Bastion et le Logis du gouverneur.
De cet endroit aménagé en jardins, la vue sur le port est "cinématographique" : en bas, glissent les bateaux de pêche et les voiliers, tandis qu'arrive, ou part, le courrier de Quiberon. Au loin, se dessinent Houat et Hœdic.
Le Logis, construit en 1775 à l'emplacement du château des Gondi de Retz, héber-geait Saint-Armand lorsque le poète, ami de Henri de Gondi, séjournait à Belle-Ile entre 1625 et 1657. En janvier 1683, les casemates de l'ancienne enceinte du château devinrent les cachots où l'on enferma douze complices de La Voisin, dans l'abomi-nable affaire des Poisons (1670-1680).

ÎLE DE GROIX

Carte IGN 0721

1 km

BRETONS

Basse du Grognon

Pte du Grognon

Beg-er-Vir

Pte du Spernec

Port Mélite

Port Tudy

Pen Men

Grd Phare

Grotte
aux Moutois

Chau du
Chr de Kervedan

Baie du Ven Hoal

Beg-Melen

Kervédan

Kerland

Fort

Quéhuon

Merlivic

Stang

St. Pomp

Kermario

Clavézic

Kerloret

Kerlobras

Kerdurand

Quéhello

Pte d'Enfer

Pte St Nicolas

Port St Nicolas

Crehal

Kerigant

Lomener

GROIX

Chau d'eau

St. épurn

Le Méné

Kermoël

Keranpoulo

D 202

Kerlet

Locmaria

Pte Surville

Port Surville

Plage

Kerrohet

Calon
de Var

St. épurn

Pte de la Croix

Pte des Chats

les Saisies

Tal

Lannériant

Kermenec

Ker-Port Lay

Port Lay

Stanverec

Cité Mer
et Groes

① ② ③ ④ ⑤ ⑥ ⑦

Le tour de l'île de Groix

**7 h
27 Km**

« Qui voit Groix, voit sa joie ». L'île des thoniers du début du siècle a plus d'un secret à dévoiler. Riche de son courage, Groix, la magnifique, la rebelle vous étonnera par ses couleurs.

Situation île de Groix, accessible depuis Lorient par liaison maritime

P **Parking** le débarcadère se situe à Port Tudy

Balisage orange

Ne pas oublier

❶ De Port Tudy, prendre à droite sur le quai le sentier côtier. Il conduit à Port Lay. Contourner l'anse et poursuivre sur le sentier côtier jusqu'au barrage de Port-Melin *(réserve d'eau de l'île)*.

❷ Continuer le sentier côtier et gagner la pointe de Pen Men.

❸ A la pointe de Pen-Men débute la côte sauvage. Le sentier côtier passe au Trou de l'Enfer, à la grotte aux Moutons, au Camp des Gaulois (pointe du Château-de-Kervedan) et conduit à Port Saint Nicolas.

Cormoran huppé.
Dessin Pascal Robin.

❹ Poursuivre le sentier côtier jusqu'à Kermarec, terme de la côte sauvage.

▶ Possibilité de gagner Locqueltas, où une petite route permet de rejoindre Groix, puis Port Tudy (3 km).

❺ A Kermarec, continuer le sentier côtier et gagner Locmaria. Poursuivre jusqu'à la pointe des Chats *(cette partie de la côte est classée réserve naturelle minéralogique)*.

❻ Emprunter une petite route côtière qui mène à Fort Surville (plage des Grands Sables).

❼ Descendre sous le centre de vacances pour retrouver le sentier côtier qui ramène à Port Tudy.

À voir

En chemin
- Port Tudy
- Pointe de Pen Men
- Camp des Gaulois
- Port Saint Nicolas
- Trou de l'Enfer

Dans la région
- Statue de J.P. Calloc'h (poète)
- Plage des Grands Sables
- Fort du Grognon
- Bourg de Groix

Groix et son écomusée

L e bateau venant de Lorient accoste à Port Tudy. Première visite : l'écomusée. Elle va permettre ensuite une bonne découverte de l'île.
Vie quotidienne, vie maritime, habitat, milieu naturel, l'histoire de Groix se raconte dans cette ancienne conserverie où a été installé l'écomusée.

La mer a été de tous temps liée à la vie des Groisillons. Marins à bord des navires de la Compagnie des Indes, ils furent aussi d'actifs pêcheurs à la sardine, puis au thon blanc ou thon germon. Jusqu'en 1940, Groix fut le premier port français d'armement au thon. Même la girouette du clocher du village de Groix en porte l'empreinte. Pas de coq ici, mais un thon !
C'est à Groix, en 1895, que fut créée la première école de pêche de France.

La visite de l'écomusée rappelle qu'après la réalisation des travaux portuaires à la fin du 19e siècle, l'île fut très animée avec forgerons, ateliers de voiliers, charpentiers, bistrots-épiceries, lesquels possédaient des parts dans l'armement thonier, etc.

Pendant que les hommes étaient en mer, les femmes se faisaient agricul-trices. Elles cultivaient les " sillons ", parcelles de terre en longueur, au relief bombé, séparées par des fossés ou des murets de pierre. Le remembrement est passé par là depuis ... A elles aussi revenaient le ramendage (réparation) des filets, la récolte de la lande, du *bezhin-tan* ou goémon-feu qui, sèché, servait de combustible, etc.

Les maquettes de bateaux évoquent l'évolution des constructions navales. A la chaloupe pour la pêche à la sardine succéda le fameux *dundee*. L'arrivée des chalutiers à moteur fut fatale à l'activité de Groix. L'espace sauvetage rappelle que courage et fraternité furent toujours de tradition dans l'île.

Aujourd'hui, une douzaine de bateaux pratiquent la pêche artisanale, complétée par un élevage de moules.

La visite est terminée, en chemin maintenant. La partie Ouest est dite "Piwisi ", avec des falaises abruptes exposées au vent. La partie Est, dite " Primiture ", est plus abritée. La superficie de 15 km^2 compose une grande variété de paysages : côtes rocheuses, criques, plages, rias, fontaines, lavoirs, mégalithes, villages aux maisons blanches resserrées autour de l'église, landes, etc. A Kerlad, visite de la maison d'un pêcheur-agriculteur telle qu'elle était à la fin du 18e siècle.

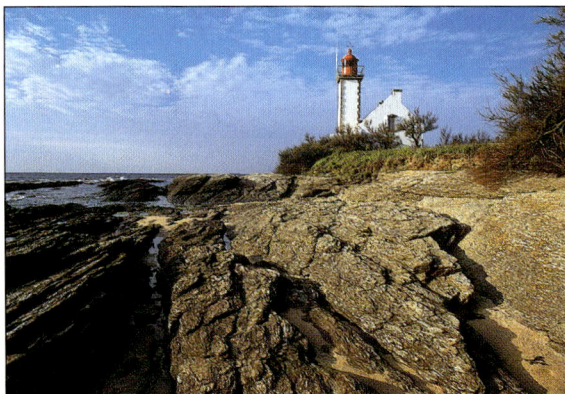

Phare de la Pointe des Chats.
Photo SEPNB/R. P. Bolan.

Kermarec. *Photo SEPNB/R. P. Bolan.*

La réserve naturelle François Le Bail

L a gestion de la réserve, créée en 1982, est assurée par la SEPNB. A son grand intérêt géologique s'ajoute un intérêt botanique et ornithologique.

60 espèces minérales ont été recensées, dont certaines parfaitement repérables, comme le filon de quartz de la plage du Trec'h. Les noms intriguent et fascinent : épidote jaune, glaucophane bleu, grenat almandin, fantôme de la Lawsonite, etc. Un fameux kaléidoscope.

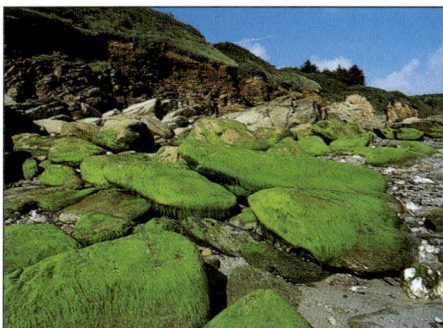

Photo SEPNB/R. P. Bolan.

L'observation des oiseaux se fait sur les falaises entre Beg Melen et Pen Men, dans la baie de Locmaria, Les Saisies, et à la pointe des Chats. Pourquoi cette appellation ? Ce serait une déformation du breton *skartr*, qui signifie épave, écueil, en référence probablement au danger de naviguer autour de cette pointe.Un hôte de l'île particulièrement remarqué : le grand corbeau.

Landes, pelouses, pans de falaises, vallons, etc... composent un terrain d'observation privilégié pour la flore. Parmi toutes les espèces dénombrées, à signaler à la pointe de Pen Men, sur la lande littorale sèche, la présence de la bruyère vagabonde, espèce euatlantique (c'est-à-dire limitée au domaine atlantique) qu'on ne trouve plus qu'à Groix et Belle-Ile.

Le territoire de la réserve est un milieu fragile. Des animateurs de la SEPNB assurent des visites commentées. Toutes informations auprès de la Maison de la Réserve.

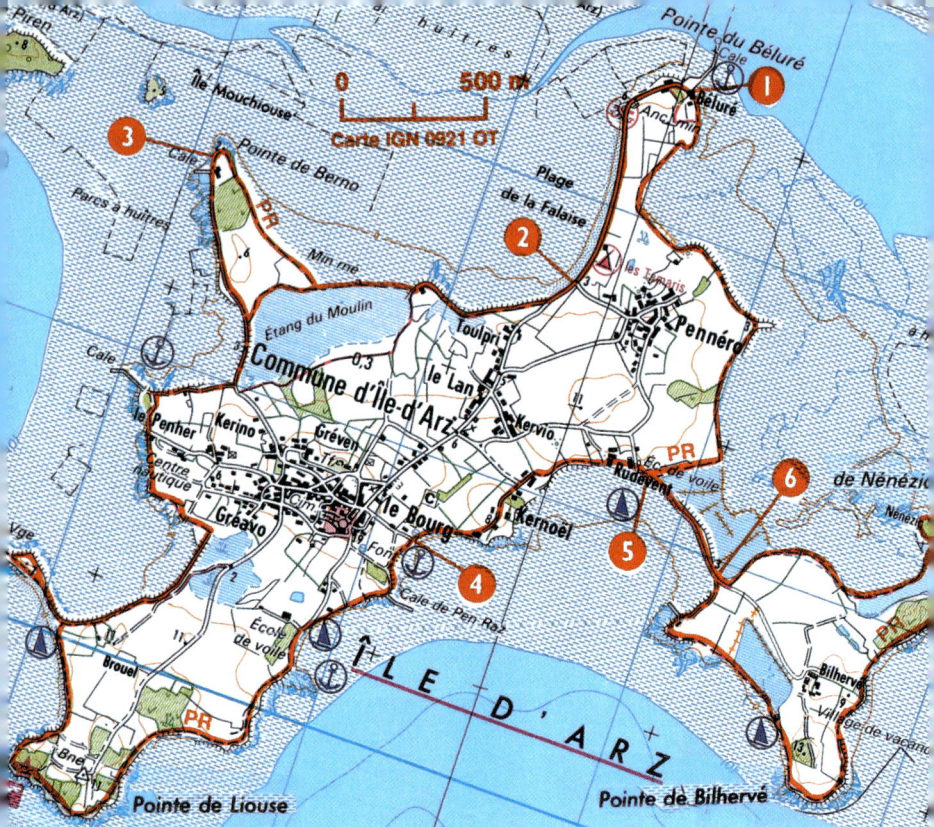

L'île d'Arz

Ile d'Arz. *Photo Yvon Boëlle.*

E lle a un caractère plus sauvage que sa voisine l'île aux Moines. Le paysage maritime est ici quasi complet : pointes rocheuses, plages de sable, anciens marais salants, parcs à huîtres au large, vasières . On la surnomme l'île des Capitaines : beau-coup d'Iledarais furent des navigateurs au long cours, de père en fils.

Il était jadis aisé de traverser l'isthme entre les deux îles, de la pointe de Brouel à celle de Gréavo. Une belle jeune fille d'Arz, à la voix mélodieuse, charma par ses chants un gentilhomme d'Izenah. Les parents du jeune homme s'opposèrent à son amour et l'enfermè-rent chez les moines. Alors la jeune fille traversa chaque jour l'isthme pour aller chanter sous les fenêtres du prisonnier. Un jour, le prieur exaspéré fit appel aux esprits malins qui noyè-rent la chaussée. La chanteuse, déses-pérée, se jeta à la mer.

Tour de l'île d'Arz

4 h 15
17 Km

Situation île d'Arz, accessible depuis Vannes par liaison maritime

Parking le débarcadère se situe à Béluré

Balisage
❶ à ❹ bleu
❹ à ❶ vert

Ne pas oublier

Bécassine des marais. *Dessin Pascal Robin.*

La traversée du golfe, pour atteindre « l'île des capitaines », offre un délicieux avant-goût des charmes de ce rocher battu par les vents, aux criques dessinées par les caprices de la mer...

❶ De Béluré, s'orienter à l'Ouest, longer la côte et rejoindre Toulpri.

❷ Partir à droite pour longer l'étang du Moulin par la digue et parvenir à la pointe de Berno.

❸ Poursuivre sur le sentier côtier, passer Le Penher et atteindre la pointe de Liouse. Continuer sur le sentier côtier et gagner le bourg d'Arz.

❹ Le sentier côtier gagne Rudévent.

❺ Poursuivre à droite le long de la côte.

❻ S'engager à droite sur le sentier côtier jusqu'à la pointe de Bilhervé, puis gagner la pointe de Nénézic. Revenir vers l'Est.

❻ Reprendre le même chemin qu'à l'aller.

❺ Suivre le sentier côtier vers Pennéro, la pointe du Béluré et le débarcadère.

À voir

En chemin
■ pointe de Liouse : dolmens
■ Kernoël : manoir 15e

Dans la région
■ bourg d'Arz : fontaine Varia

L'île aux Moines

C'est la plus grande des îles du golfe. Elle s'appela d'abord Crialeïs, puis Izenah ou Enez-Manac'h, île aux moines. Un prince breton, fils de Nominoë, le fondateur du duché de Bretagne, l'avait donnée aux moines de l'abbaye de Redon, moyennant une redevance de " fèves et de haricots pour leur consommation ". La douceur de son climat lui vaut une végétation luxuriante : figuiers, mimosas, eucalyptus, camélias. Les bois portent des noms évocateurs : bois des Soupirs, bois d'Amour... La beauté des femmes de l'île était proverbiale et fit soupirer plus d'un marin ... Les différentes pointes ménagent de beaux panoramas sur le golfe et les îles avoisinantes. A Kergonan, ne pas manquer l'enceinte mégalithique. Selon la légende, Jules César y aurait été enterré dans un cercueil en or.

Plage sur l'île aux Moines. *Photo Yvon Boëlle.*

Tour de l'île aux Moines

De ruelles animées en maisons de marins blanchies à la chaux; de sentiers côtiers en chemins aux senteurs envoûtantes, cette île reste l'une des destinations préférées des randonneurs.

Goëland brun. *Dessin Pascal Robin.*

5 h · 20 Km

Situation île aux Moines, accessible depuis Port Blanc par liaison maritime

Parking le débarcadère se situe au port de Lério

Balisage non balisé

Ne pas oublier

❶ Du port, partir à droite vers le bois d'Amour et la plage. Poursuivre le long de la côte un peu après la plage, puis prendre une route qui rejoint la route principale à Kergonan. L'emprunter à droite.

❷ Au Rahic, s'engager à droite dans un chemin qui descend à la plage du Gored puis revient sur la route principale. La suivre jusqu'à hauteur de l'anse du Guip.

❸ S'écarter de la route à droite pour prendre le chemin au travers du camping.

❹ Gagner à gauche Penhap.

❺ Descendre vers le Sud à la côte par le chemin.

❻ Longer la côte vers l'Ouest, puis emprunter la route à droite. Passer Kerbozec.

❹ Rejoindre à droite Penhap.

❺ Se diriger vers le Nord par la route principale jusqu'à l'anse du Guip.

❸ Après le chantier naval, prendre à droite un chemin qui longe l'arrière de la côte et mène à la pointe du Brouel.

❼ Poursuivre vers l'Ouest sur la petite route qui conduit au centre du bourg.

❽ Tourner à droite vers l'église située à Locmiquel.

❾ Descendre une petite rue derrière l'église et continuer par le chemin côtier qui gagne la pointe du Trec'h. Rejoindre le bourg puis le port par la petite route.

À voir

En chemin

■ cromlec'h de Kergonan
■ Kerno : fermes 17e-18e
■ tumulus de Penhap : supports sculptés ■ fermes 17e-18e à Brouel et Kerbilio
■ château néo-classique de Guéric 17e ■ Locmiquel : maisons des capitaines au long cours

Dans la région

■ points de vue sur le golfe du Morbihan

Île d'Houat. *Photo Yvon Boëlle.*

Deux îles sœurs : Houat et Hœdic

« Pour les Bretons, elles ont ce nom évocateur : le canard et le caneton. "

Les deux îles, séparées par le passage des Sœurs, furent menacées à plusieurs reprises par les navigateurs anglais ou espagnols, comme en témoignent les vestiges des forts défensifs.

Autrefois, l'opulence n'y régnait pas. Une curieuse charte, dite " Charte de Hoedic " fit en 1822 des deux îles des républiques "théocratiques ". Leurs régisseurs ? les recteurs - appellation locale pour désigner les curés - aux larges fonctions. En 1891, elles deviendront des communes à part entière.

La vie est plus douce aujourd'hui derrière les volets bleus des petites maisons blanches.

La pêche demeure : crustacés, bars, congres assurent quelques ressources, complétées par le tourisme.

Tour de l'île d'Houat

3h45
15 Km

Paisible et accueillante, Houat invite au farniente, côté Est, avec ses grandes plages de sable fin, tandis qu'au Nord et au Sud, criques et falaises se succèdent, rappelant la dure vie des pêcheurs.

Situation île d'Houat, accessible depuis Quiberon par liaison maritime

P Parking le débarcadère se situe au port Saint-Gildas

Balisage non balisé

Ne pas oublier

❶ Du port, prendre à droite le chemin côtier jusqu'à la pointe de Beg er Vachif *(où se trouve un étrange rocher couronné par un rempart géométrique d'une batterie aujourd'hui abandonnée).*

❷ Poursuivre le sentier côtier vers le Sud *(à droite, vue sur l'île Guric puis plus bas l'île Séniz).*

❸ Continuer le sentier côtier sur la côte découpée et bordée de petites criques sableuses pour arriver à une écloserie de homard aménagée au creux d'un vallon *(vue sur l'usine de dessalement des eaux de mer, qui alimente l'île en eau potable).*
Le sentier côtier rejoint la plage de Tréac'h Salus puis la pointe de Beg-Tost.

❹ Se diriger au Nord vers la pointe de Er Beg, longer la plage de Tréac'h-er-Gourèd et gagner la pointe de Tal er Hah qui supporte une ancienne batterie.

❺ Suivre le sentier côtier en direction du port et revenir au point de départ.

Lys de mer. *Dessin Nathalie Locoste.*

À voir

En chemin
- port de Saint-Gildas
- maisons de pêcheurs et places du bourg

Dans la région
- ancien fort ruiné de Vauban

ÎLE D'HŒDIC

Men er Gal

Bal. ♀ la Chèvre

0   500 m

Beg Lagad

2 Pointe
du Vieux-Château

Carte IGN 0822 OT

5

PR

Fort Anglais R^{nᵉ1}

Men Du

Amer

13

Port Neuf

Cale

Port
de
l'Église

Beg en Argol

1

Feu

le Phare

Portz Guen

Amer

20

Orat

22

Blockh.

Calvaire
du Port-Blanc

Sém.

0,1 C

Hœdic

Menhir

Caspéraquiz

Rvoirs

12

le Paluden

Orat

Anc. fort

Champ
du Menhir

40

Trech Yo

Gran

3

12

Veucel

Amer

16

Beudjeul

Port
de la Croix

Bal.

Men Cren

4

Tlle

Vas Plat

PR

Port Parnec

Tlle

Beg er Faut

Roc'h Melen

Madavoar

Tlle

Une flore variée

Lₐ flore, très diverse, avait déjà appelé l'attention d'Alphonse Daudet : " ... Les lys d'Houat, doubles et odorants comme les nôtres, de larges mauves, des rosiers rampants, de l'oeillet maritime dont le parfum léger et fin forme une harmonie de nature avec le chant grêle des alouettes grises dont l'île est remplie ".

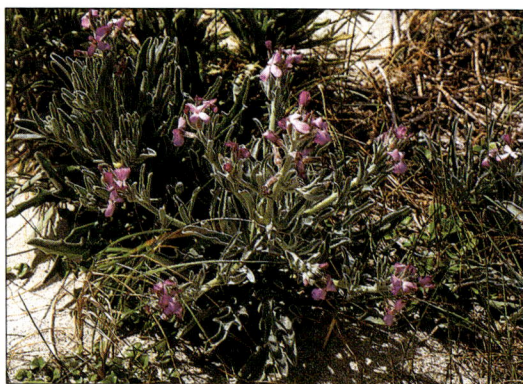

Photo Yvon Boëlle.

Le lys de mer ou lys mathiole (Pancratium maritimum), de la famille des Amaryllidacées, est une espèce assez rare qui croît sur les sables littoraux.

Houat et Hœdic : deux îles sœurs dit-on. Oui, mais chacune avec un charme discret bien particulier.

Tour de l'île d'Hœdic

2 h 40
8 Km

Situation île d'Hœdic, accessible depuis Quiberon par liaison maritime

Parking le débarcadère se situe au port Saint-Gildas

Balisage non balisé

Ne pas oublier

Coques.
Dessin Pascal Robin.

Sur Hœdic, tout n'est que pureté de l'air, beauté d'une nature restée vierge et sauvage. Le « caneton » n'a donc rien a envier à sa grande sœur et voisine, l'île de Houat (« canard »).

❶ Du port, longer la côte vers l'Ouest et gagner la pointe du Vieux-Château.

❷ Obliquer vers le Sud pour rejoindre la pointe de Caspéraquiz.

❸ Poursuivre sur le sentier côtier et parvenir à l'ancien port de la Croix.

❹ Le sentier côtier continue, passe un vieux phare abandonné et gagne, au Nord de l'île, la pointe de Beg Lagad *(ruines du "fort anglais" construit par Vauban)*.

❺ Par le sentier côtier, rejoindre le port d'Argol.

À voir

En chemin

■ paysages sauvages de la pointe du Vieux-Château (fouilles) ■ fort "anglais" construit par Vauban en 1693

Dans la région

■ bourg authentique d'Hœdic

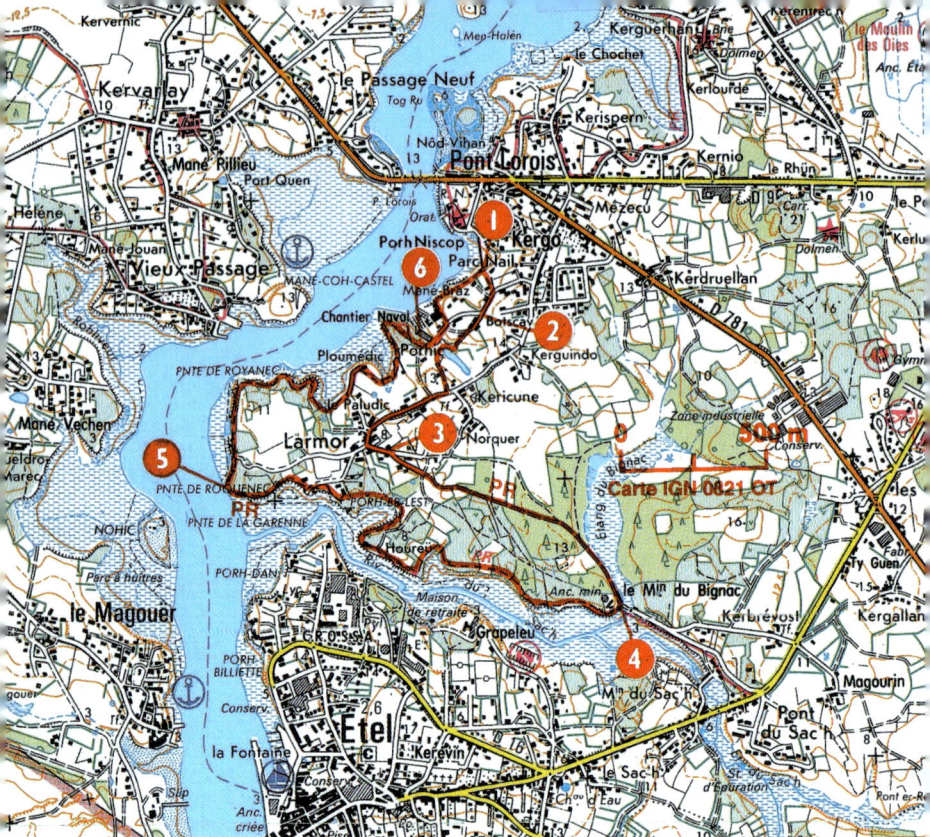

Belz

Pont-Lorois. *Photo Yvon Boëlle.*

Belz se situe au bord de la ria d'Etel, véritable mer intérieure parsemée d'îlots. En longeant le sentier côtier, découvrez Port-Niscop, ancien petit port thonier, sa grotte dédiée à Notre-Dame-de-Lourdes et construite par les marins du Pont-Lorois. Surplombant la ria, ce pont fut construit en 1842 et devint à péage en 1851. Par deux fois il fut détruit, en 1894 par une tempête puis en 1944 pendant la guerre. Au détour du sentier, à la pointe du Royanec, une table d'orientation vous informera sur les nombreuses espèces de poissons vivant dans la ria. Sur le quai Neuf profitez de la magnifique vue sur Etel, Le Magouer, Le Vieux Passage et l'île du Nohic. Au bout du sentier, vous remarquerez le moulin du Bignac, qui fut autrefois un moulin à marée.

Le sentier côtier de Belz

1 h 40
5 Km

Situation Belz, à 17 km à l'Ouest d'Auray par la D 22

Parking
Porh-Niscop

Balisage
jaune

Depuis le moulin à marée de Bignac, rejoignez le sentier des douaniers, au bord de la ria d'Etel et ses multiples criques où s'abritaient les thoniers d'autrefois.

❶ Prendre à gauche un sentier en légère montée, puis une petite route à droite sur 100 m.

❷ S'engager dans un chemin qui descend vers un petit étang. Tourner à gauche, puis suivre à droite la route qui mène à Larmor. Dans le hameau, partir à gauche vers Bignac.

Loutre. *Dessin Pascal Robin.*

❸ La route se prolonge à droite par un chemin qui traverse landes et bois, longe l'étang privé de Bignac *(ses berges servent de nichoirs pour une colonie de hérons cendrés et d'aigrettes).*

❹ A l'ancien moulin à vent de Bignac, prendre à droite le sentier côtier qui longe la rivière Sac'h serpentant entre la côte rocheuse et les landes, les bruyères, les asphodèles du bois de Bignac. Passer l'anse de Porh er Lest qui abrite une plage. Au débouché du sentier, emprunter à gauche un chemin sur 10 m, puis retrouver à gauche le sentier côtier. Gagner la pointe de Roquenec *(vue sur la ria d'Etel avec Etel et son port sur la gauche ; remarquer les nombreux parcs à huîtres, l'une des ressources économiques importantes de la ria).*

❺ Continuer le sentier, longer un chantier ostréicole et arriver à la pointe de Royanec *(vue sur le port du Vieux-Passage avec ses vieilles longères ; autrefois, de petites anses abritaient l'hiver une flotte de thoniers dundees qui faisaient la richesse de la région).*
Poursuivre le chemin côtier *(vue sur Pont-Lorois et Porh-Niscop).*

❻ Au bout du sentier, prendre à gauche une route, puis le sentier littoral qui emprunte une digue maçonnée. Contourner par la gauche un chantier naval. Le sentier côtier ramène au point de départ.

À voir

En chemin
■ moulin à vent de Bignac
■ ria d'Etel ■ Porh Niscop

Dans la région
■ Pont-Lorois ■ Point de vue sur la ria d'Etel ■ Ile et chapelle Saint-Cado

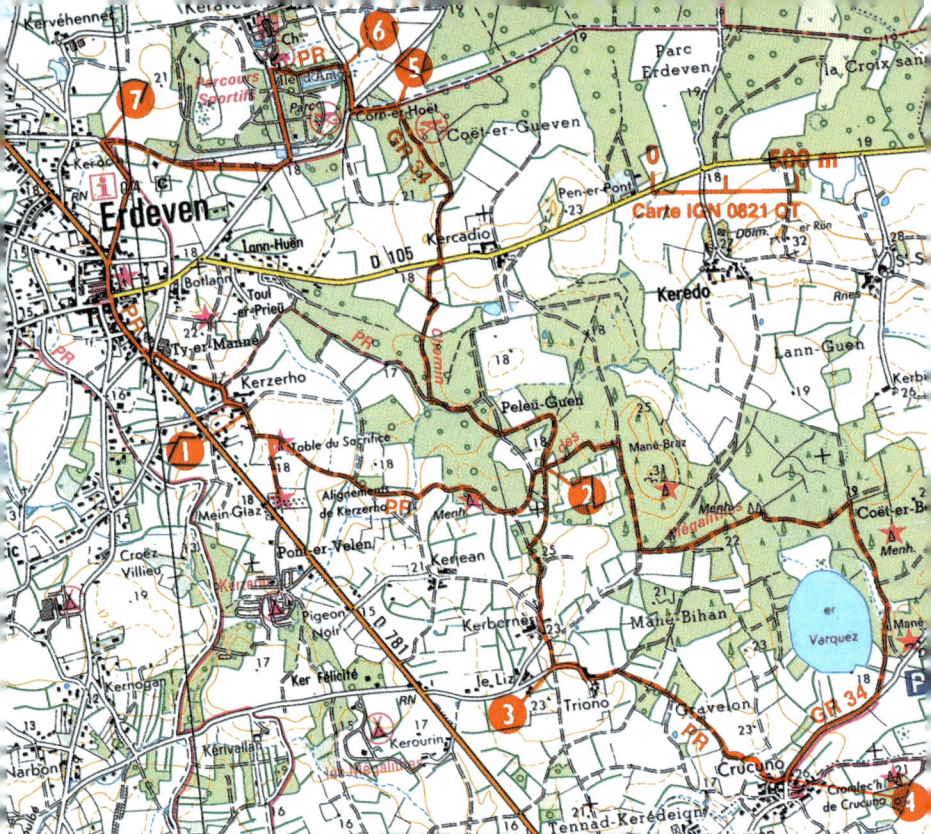

La Nymphe Egérie de la légitimité

Sous Louis-Philippe, l'opposition des légitimistes fut importante dans le Morbihan, terre de mémoire des vieux chouans et des prêtres réfractaires. A cette époque, le château de Keravéon appartenait à la Comtesse Adélaïde de Botdéru. Ardente royaliste et légitimiste acharnée, la comtesse ne ménagea pas ses efforts pour porter aide et assistance aux rebelles en les hébergeant et en leur procurant des armes. Le château fut l'objet de fréquentes perquisitions. Son soutien à l'opposition politique valut à la comtesse de nombreux démêlés avec la police, de multiples procès et incarcérations. Morte peu avant le révolution de 1848, le 11 décembre 1847, le destin lui refusa la joie suprême d'assister à la chute du roi bourgeois.

Château de Keravéon.
Photo Yvon Boëlle.

Mégalithes et châteaux à Erdeven

Fiche pratique 7

De la préhistoire au 18e siècle, entre mégalithes légendaires et manoirs chargés de mémoire...

❶ Du parking, cheminer à travers les alignements et prendre à gauche un sentier qui conduit aux Géants de Kerzerho *(deux menhirs de 6 m et deux énormes pierres couchées dont l'une est appelée Pierre du Sacrifice)*. Poursuivre dans le chemin creux à droite en direction de Mané-Braz. Au bout, aller à droite et gagner un carrefour.

❷ Tourner à droite et rejoindre Kerbernès. A la sortie du hameau, prendre le sentier face à la route.

❸ Au débouché, virer à gauche, traverser Triono et emprunter un chemin à droite qui conduit à Crucuno *(au centre du village, dolmen avec table de couverture de plus de 40 tonnes)*.

❹ Partir à gauche et atteindre le Mané Croc'h *(dolmen à galerie avec quatre chambres latérales)*.
Suivre le chemin des Mégalithes *(groupe de menhirs dont l'un est appelé Chaise de César)* et gagner la colline de Mané Braz *(quatre dolmens à galerie)*. Continuer dans la même direction.

❺ Aller à droite vers Kercadio et rejoindre la D 105.

► Le manoir se trouve au bord de la route à droite.

Couper la D 105 et s'engager sur le chemin qui conduit à Corn er Hoët.

❺ Tourner à gauche vers Keroret.

❻ Entrer à gauche à l'intérieur de l'enceinte du parc du château de Keravéon entouré d'un mur. Sortir par l'allée centrale *(porte d'entrée flanquée de deux tourelles et maison stylisée à gauche)*. Prendre à droite le sentier vers Keroch.

❼ A son extrémité, emprunter à gauche puis à droite des routes qui mènent au centre d'Erdeven. Gagner l'église et la mairie. Suivre la D 781 vers Plouharnel sur 200 m, puis à gauche une route qui rejoint Kerzerho. Après le hameau, un chemin creux regagne le point de départ.

3 h • 12 Km

Situation Erdeven, à 14 km à l'Est d'Auray par les D 22 et D 105

Parking des alignements de Kerzerho

Balisage

❶ à ❹ disque rouge
❹ à ❺ blanc-rouge
❺ à ❶ disque vert

Ne pas oublier

À voir

En chemin

- alignements de Kerzerho
- dolmen de Crucuno
- dolmen de Mané Braz
- manoir de Kercadio
- château de Keravéon et parc
- chapelle Saint-Laurent, chapelle des Sept-Saints
- moulin de Narbont

Dans la région

- Carnac : les alignements

Chapelle de Lotivy

A u 7e siècle, un moine gallois, débarqua sur la presqu'île et y fonda un ermitage : Llandewi, francisé ensuite en Lotivy. Devenue prieuré de l'abbaye de Sainte-Croix-de-Quimperlé en 1069, la chapelle devint " Notre-Dame-de-Lotivy " au début du 17e, lors de la Consécration de la France à la Vierge. Mais le passage des Anglais, en 1746, puis le mouvement révolutionnaire, en 1795, eurent raison de l'édifice qui resta en ruines jusqu'au 19e, lorsqu'une femme de Kerhostin reçut un message de la Vierge. Les travaux furent rapidement terminés grâce à l'aide massive des habitants et le premier pardon eut lieu le 8 septembre 1845. La question du véritable saint fondateur de Lotivy s'est longtemps posée : saint Ivy ou

Chapelle de Lotivy, jour de Pardon.
Photo Yvon Boëlle.

saint Dewy (David, évêque de Caërléon et patron du Pays de Galles) ? Historiens et toponymistes semblent désormais être d'accord sur saint Dewy, malgré la présence de la statue de saint Ivy dans la chapelle.

Portivy, la côte sauvage

Berniques et patelles.
Dessin Pascal Robin.

Fiche pratique 8

2h40
8 Km

Situation Saint-Pierre-Quiberon, à 23 km au Sud-Ouest d'Auray par la D 768

Parking centre culturel

Balisage
❶ à ❸ disque jaune
❸ à ❹ blanc-rouge
❹ à ❶ disque jaune

Difficulté particulière
■ passage de la voie ferrée entre ❷ et ❸

Malgré d'innombrables dangers, la côte escarpée, protégée par le Conservatoire du Littoral, présente bien des attraits : flore marine, sites grandioses.

❶ Du centre culturel, se diriger vers le centre-ville. Partir en face de l'office du tourisme. Après l'immeuble UCPA, suivre le chemin fléché de Park-Praner. Couper la D 768 et continuer par le chemin de la Fontaine jusqu'au Roch *(dolmen sur la place du hameau)*.
Aller en direction de Portivy.

❷ Franchir le passage à niveau après la rue du Chemin de Fer, tourner à droite et emprunter le chemin longeant la voie ferrée. Tourner à gauche et poursuivre rue de Basse-Lédan, rue des Pêcheurs, rue Notre-Dame de Lotivy, rue Basse-Cornec et rue du Port. Arriver au port de Portivy.

❸ Sur la gauche du port, s'engager sur le sentier qui longe la côte. Passer la plage du Fozo et la pointe de Beg en Aud *(vue sur le Fozo, Portivy, le fort de Penthièvre, la côte jusqu'à Lorient, l'île de Groix, le phare des Birvideaux, la pointe des Poulains et Belle-Ile ; au 1er siècle avant J.-C., la pointe de Berg en Aud était un camp fortifié vénète).*
Continuer vers Port Blanc puis Port Rhu.

❹ Au parking, se diriger à gauche vers Kergroix par la rue de Port Rhu puis la rue de Kergroix. Poursuivre route de Kergroix vers la gare. Franchir le passage à niveau et prendre à droite la rue Clémenceau qui ramène au centre culturel.

À voir

En chemin
■ port de Portivy ■ côte sauvage ■ pointe du Percho ■ arche de Port Blanc

Dans la région
■ alignements et cromlec'h du Moulin

La Côte sauvage

Tempête sur la Côte sauvage. *Photo Yvon Boëlle.*

Port-Maria et Port-Blanc, au Sud de Portivy, sont des lieux réservés aux surfeurs aguerris amateurs de sensations fortes. Pour les randonneurs, les émotions se prolongent avec une promenade au-dessus des rochers battus par la fureur de l'Océan. Hachés et déchiquetés par les assauts répétés des vagues, ils forment des gouffres béants où la mer vient se fracasser bruyamment. Les vents souvent violents battent la falaise dénudée, entrecoupée de criques sablonneuses et de rochers dans lesquels il est totalement déconseillé de s'aventurer. Tout est réuni pour une excursion romantique face aux éléments déchaînés.

Kerhostin - Portivy

3 h
10 Km

Haut lieu des sports nautiques, Saint-Pierre-Quiberon accueille l'Ecole nationale de Voile, tandis que chars à voile et surfeurs animent les alentours du fort de Penthièvre.

1 Face à l'office du tourisme, suivre le chemin de Park-Praner. Couper la D 768 et poursuivre par le chemin de la Fontaine vers Roch jusqu'au dolmen situé sur la petite place du hameau.

2 Prendre le sentier à gauche à l'arrière de la place et se diriger vers Kerhostin. Traverser la D 768 et suivre le chemin de la baie.

3 Passer à droite devant la crêperie des Roches-Noires. S'engager sur le sentier des douaniers *(panorama sur la baie)*. Contourner le petit fort et arriver en face du fort de Penthièvre. Couper la route.

4 Franchir la voie ferrée *(prudence : circulation fréquente l'été ; visite possible du mémorial aux Fusillés du 13 juillet 1944)*. Gagner le bord de mer et suivre la côte vers le Sud.

5 Continuer vers Portivy par la promenade de Téviec.

▶ Au port, possibilité d'aller voir la chapelle et la fontaine de Notre-Dame de Lotivy en prenant la rue de Guernic

6 Sur la gauche du port, emprunter le sentier qui longe la côte et gagne la pointe de Beg en Aud *(au 1er siècle avant J.-C., la pointe était un camp fortifié vénète)*.
Continuer vers la pointe du Percho *(ruines d'un poste de douane, rocher du Lion)* et poursuivre vers Port Blanc en passant à côté des restes de deux dolmens *(arche de Port Blanc)*. Le sentier amène à Port Rhu.

7 Au parking, tourner à gauche vers Kergroix et prendre les rues de Port Rhu et de Kergroix. Poursuivre par la route de Kergroix vers la gare. Franchir le passage à niveau et emprunter à droite la rue Clémenceau qui ramène au centre culturel.

Situation Saint-Pierre-Quiberon, à 23 km au Sud-Ouest d'Auray par la D 768

Parking centre culturel

Balisage
1 à **3** bleu-jaune
3 à **4** blanc-rouge
4 à **5** bleu-jaune
5 à **7** blanc-rouge
7 à **1** bleu-jaune

Difficulté particulière
■ passage de la voie ferrée entre **3** et **4**

À voir

En chemin
■ dolmen de Roch
■ fort de Penthièvre
■ Portivy : chapelle et fontaine ■ la côte Sauvage

Dans la région
■ Alignements et cromlec'h du Moulin

Douceur quiberonnaise : les Niniches

C'est en 1946 qu'un confiseur avisé, Raymond Audebert, inventa cette confiserie. Hervé Bazin en parle dans *Le matrimoine* : " Moi, je suis de garde. Ce sont les femmes qui ont les clefs. Elles ne vont pas tarder, elles sont aux niniches. Niniche, sorte de sucre d'orge, spécialité du cru".

Les procédés traditionnels de fabrication n'ont pas varié : sucre de canne, beurre salé du pays, sel de Guérande, chaudrons en cuivre, et cinquante parfums ! D'autres spécialités voisinent avec les niniches.

Un espace découverte vous en dira plus *(visite gratuite)*. Ne résistez pas : une petite pause sucrée redonne du tonus au randonneur. Ah, le caramel à la bretonne avec beurre et pomme !

Et si vous avez manqué ces douceurs d'antan à Quiberon, vous pourrez vous rattraper à Carnac ou à Belle-Ile-en-Mer où les Niniches ont aussi pignon sur rue.

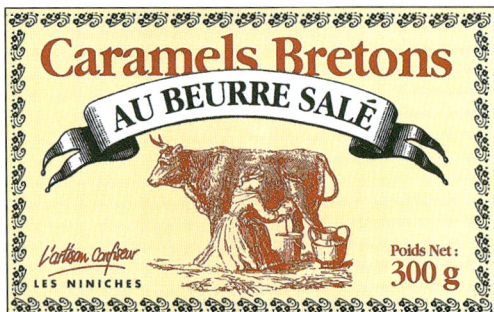

Caramels Bretons
AU BEURRE SALÉ
L'artisan Confiseur
LES NINICHES
Poids Net :
300 g

Saint-Julien, la Côte Sauvage *Fiche pratique* 10

3 h
9 Km

Situation Quiberon, à 28 km au Sud-Ouest d'Auray par la D 768

Parking Saint-Julien, rue de la Petite-Côte

Balisage

❶ à ❸ blanc-rouge
❸ à ❺ carré orange
❺ à ❻ blanc-rouge
❻ à ❷ orange
❷ à ❶ blanc-rouge

Difficulté particulière

■ ne pas quitter le sentier côtier, ne pas s'aventurer sur les rochers (baignade interdite) entre ❺ et ❻

Ne pas oublier

Au bout de la terre, là où les émigrés et les chouans furent défaits, un sentier pittoresque ponctué de petits lavoirs restaurés et de ruelles de pêcheurs.

❶ De la place Saint-Julien, prendre la rue de la Croix, franchir le passage à niveau puis la D 768. Se diriger vers Kernavest. Tourner à droite pour contourner le sémaphore.

❷ Continuer jusqu'à la tour de l'ancien sémaphore *(point de vue de Locmaria ; du haut de la tour, vue circulaire sur la presqu'île, Houat, Belle-Ile, Groix, Lorient et la baie de Quiberon)*. Poursuivre vers le Nord jusqu'à la hauteur de Kerboulevin.

Frankénie hirsute.
Dessin Nathalie Locoste.

❸ Tourner à gauche vers Kerboulevin, puis suivre la route à gauche qui mène à Kerniscob.

❹ Partir à droite vers la côte, puis à gauche en angle aigu et rejoindre un carrefour routier.

❺ S'engager à droite sur le sentier côtier.

▶ Rester sur ce sentier. Les baignades sont interdites, car très dangereuses. Ne pas s'aventurer sur les rochers à cause des vagues de fond. *Prudence.*

Le suivre vers le Sud *(nombreux points de vue ; anciens lavoirs nichés dans les creux de petits vallons ; nombreuses grottes signalées sur le parcours : grotte de Kerniscob, du Diaoul, Trou du Souffleur).*

❻ A hauteur de la pointe de Beg-er-Goalennec, au Vivier, quitter la côte et suivre un chemin à gauche. Tourner sur un chemin à droite qui conduit au Manémeur *(maisons anciennes)*. Prendre un chemin à gauche.

❼ Aller à droite, puis à gauche vers le château d'eau. Poursuivre par un chemin vers Kernavest. Couper la route de Kernavest et continuer 200 m. Tourner à droite sur un chemin et gagner un lavoir.

❷ Revenir à Saint-Julien par l'itinéraire emprunté au départ.

À voir

En chemin

■ chapelle Saint-Julien
■ point de vue de Locmaria
■ côte Sauvage ■ lavoir

Dans la région

■ le bourg de Quiberon

L'abbaye Kergonan

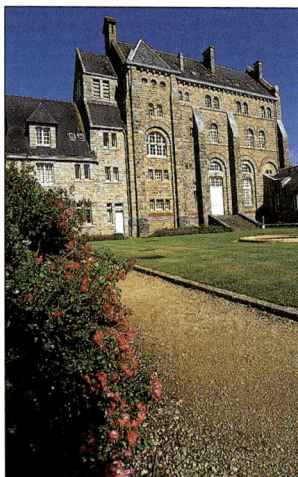

Sainte-Anne-de-Kergonan.
Photo Yvon Boëlle.

L'abbaye Saint-Michel-de-Kergonan fut fondée en 1898 par l'abbaye Sainte-Cécile-de-Solesmes. Les moniales consacrent leur vie à la louange de Dieu, fidèles à l'esprit de saint Benoît. Leur temps est consacré à la prière individuelle, au travail manuel qui les fait vivre ou à aider les plus démunis. De 1901 à 1919, elles doivent fuir vers l'île de Wight, à cause des lois anticléricales. De 1942 à 1945, c'est l'occupant qui les oblige à évacuer le monastère. Quant à l'abbaye Sainte-Anne-de-Kergonan, les moines bénédictins y perpétuent la tradition du chant grégorien. Ils réalisent aussi de la céramique, cultivent des céréales ou des haies fruitières, mais c'est la louange de Dieu qui constitue leur occupation essentielle. Nombre de personnes viennent régulièrement chanter en grégorien, avec les moines, pendant le grand office.

Les grèves de Plouharnel

3 h • 10 Km

Du profane au sacré, mégalithes, chapelles et abbayes donnent au marcheur l'impression de traverser le temps.

Situation Plouharnel, à 13 km au Sud-Ouest d'Auray par la D 768

🅿 **Parking** place de Saint-Armel

🖌 **Balisage**

❶ à ❸ rouge
❸ à ❺ non balisé
❺ à ❽ blanc-rouge
❽ à ❶ rouge

❶ Aux feux, traverser la route de Carnac, puis suivre à droite le chemin vers les abbayes de Kergonan.

Mûrier. *Dessin Nathalie Locoste.*

❷ Au bout, prendre la route à gauche, couper la D 768 et continuer vers Brénantec. Dépasser la grotte du Plas-Ker et partir à gauche sur un sentier qui rejoint la gare.

❸ Emprunter la D 781 à droite. Franchir le passage à niveau, aller à droite puis à gauche sur un sentier qui passe près des alignements du Vieux Moulin. Obliquer vers la droite, puis bifurquer à gauche. Déboucher près du plan d'eau Er Varquez.

❹ Virer à gauche vers Kerhellegan. Couper la D 781 et suivre un chemin à droite qui atteint un carrefour.

❺ Tourner sur le chemin à gauche. Traverser le camping de Kersily puis prendre à gauche la route qui mène à Sainte-Barbe *(alignements à gauche)*. Continuer jusqu'à la chapelle. Après celle-ci, s'engager à droite sur un sentier qui descend à la fontaine. Remonter vers un ancien moulin et gagner Glévenay. Emprunter la route à gauche.

❻ Après un puits couvert, prendre le sentier à droite. Au bout, tourner à droite et passer sous la voie ferrée. Suivre à gauche la D 768 sur 200 m.

❼ S'engager à droite sur le sentier côtier qui conduit à Kercroc.

❽ A l'entrée du hameau, emprunter un chemin à gauche qui ramène au centre de Plouharnel.

À voir

🌼 **En chemin**

■ Plouharnel : chapelle Notre-Dame-des-Fleurs 16e
■ Sainte-Barbe : alignements, chapelle 16e, fontaine

Dans la région

■ abbayes de Kergonan
■ dolmen de Rondossec
■ dolmen de Crucuno
■ Carnac : musée de la Préhistoire, sites mégalithiques

Cotriade morbihannaise

Voici les poissons conseillés pour cette recette:
congres, lieus, vieilles, merlans, daurades, grondins, etc..

Faire fondre du beurre, puis faire roussir quelques oignons. Ajouter de l'eau puis quelques pommes de terre coupées en morceaux. Aromatiser à l'aide de laurier, thym, etc.. Faire cuire avec le tout les poissons découpés en tranches.

La cotriade se sert ensuite en deux parties :
- le bouillon que l'on verse sur du pain pour en faire une bonne soupe

- les poissons et les pommes de terre que l'on sert à part dans un plat.

Recommandation : ne pas laisser trop cuire le poisson qui doit demeurer en morceaux.

Recette extraite de l'ouvrage *Les recettes bretonnes de Tante Soizic* et reproduite avec l'aimable autorisation des Editions Ouest-France.

Merlan.
Dessin Pascal Robin.

Le chemin de Messe de Carnac

A côté des mégalithes alignés par milliers, les édifices religieux et profanes mettent en valeur les constructions en pierre : églises, chapelles, fontaines, croix et maisons.

Pourpier maritime.
Dessin Nathalie Locoste.

3 h
9 Km

Situation Carnac, à 13 km au Sud-Ouest d'Auray par les D 768 et D 119

P **Parking** place de l'Eglise

Balisage

❶ à ❸ bleu
❸ à ❹ blanc-rouge
❹ à ❺ bleu
❺ à ❶ blanc-rouge

❶ De la place de l'Eglise, prendre en face la rue Saint-Cornely (D 781) puis la deuxième rue à gauche qui mène à la fontaine. Couper la rue des Salines. Bifurquer à gauche rue du Verger.

❷ Après l'impasse du Verger, suivre à gauche un chemin en descente. Déboucher sur le chemin de messe *(qu'empruntaient les villageois de Saint-Colomban pour se rendre au bourg).*

❸ Le prendre à droite.

❹ Bifurquer à droite vers Le Breno.

❺ Couper la route et continuer vers Saint-Colomban. Au bout du chemin, suivre la route à droite. Elle passe près de la fontaine Saint-Colomban et mène à la chapelle. La longer et continuer la route jusqu'à la mer.

❻ S'engager à gauche sur le sentier côtier *(en bordure de mer, trois cheminées : vestiges d'une brûlerie de goémon).* Longer la plage. Quitter le boulevard pour prendre le sentier côtier. Il passe près de Ty Guard *(maison du garde-côte)* et débouche sur la plage de Ty-Bihan. Suivre le boulevard qui la longe. Après la plage de Légenes, retrouver le chemin de ronde jusqu'à la base nautique. Longer son parking et traverser avant le pont de Port en Dro *(ancien port de pêche).*

❼ Emprunter la chaussée des Bernaches en laissant à droite le centre de thalassothérapie. Prendre la route à droite vers la croix des Emigrés. Continuer à droite avenue Saint-Colomban. Au Bréno, tourner à gauche sur un sentier qui débouche sur le chemin de messe.

❹ Le suivre à droite.

❸ Bifurquer à droite. Prendre l'avenue des Salines à gauche puis à droite la rue du Douet. Emprunter à gauche le chemin du Douet qui ramène place de l'Eglise.

À voir

En chemin

■ Carnac : quartier Saint-Cornély (église, fontaine)
■ Saint-Colomban : fontaine 16 e, chapelle ■ croix des Emigrés 1795

Dans la région

■ alignements de Carnac
■ Carnac : musée de la Préhistoire, sites mégalithiques

La Trinité-sur-Mer

*A*utour de paysages aussi variés que les plages de sable fin, les rochers appréciés par les pêcheurs à pied, la rivière et ses berges bordées de landes et de prairies, et l'arrière pays breton, le port de la Trinité-sur-Mer plonge le visiteur dans l'ambiance des grandes courses au large. Ici, tout n'est qu'effervescence autour des pontons dès que les voiliers s'amarrent.

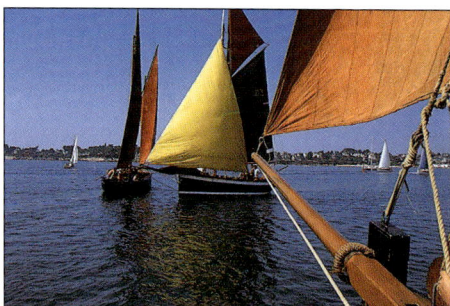

Régates à la Trinité-sur-Mer. *Photo Yvon Boëlle.*

Depuis le pont de Kerisper le spectacle est fabuleux : en effet, le port peut accueillir plus d'un millier de voiles. Des légendes sont nées ici : Tabarly, Poupon, Riguidel, Caradec, Kersauzon, Peyron, Gautier, Joyon et tant d'autres... Chaque année, au printemps, les régates animent le port, et les soirées le long du quai sont joyeuses. Il ne faut pas oublier de déambuler dans les petites ruelles typiques autour de l'église qui rappellent que le village était celui des pêcheurs, paludiers, gabelous et douaniers.

Le sentier des Douaniers

Une promenade sympathique entre mégalithes, lavoir, fontaine, site naturel classé, anciennes salines, sans oublier les ruelles typiques de La Trinité-sur-Mer.

Situation La Trinité-sur-Mer, à 12 km au Sud-Ouest d'Auray par les D 28 et D 781

P **Parking** port (Club House)

Balisage
❶ à ❹ blanc-rouge
❹ à ❶ non balisé

❶ Du port, s'engager sur le sentier côtier vers le Sud.

Au départ du sentier, la vue embrasse le port, le pont de Kerisper et la ria. Les bateaux empruntent le chenal repoussé sur la rive droite par la vasière de la Vanneresse. En contrebas du sentier, les petites plages abritées s'échelonnent jusqu'au Ty Guard.

❷ Poursuivre le sentier côtier

▶ Un détour par les ruelles de La Vanneresse permet d'observer constructions et propriétés *(fermes rénovées, résidences bourgeoises et maisons anciennes, témoins de l'évolution de la commune depuis presque cent ans).*

Rejoindre la pointe de Kerbihan par la côte *(site classé).*

Large panorama sur le Morbras (grande mer) et ses îles. Le Ty Guard (maison du garde) et le blockhaus, témoin du Mur de l'Atlantique, "surveillent" avec le fort de Kernevest en Saint-Philibert, l'entrée de la rivière.

❸ Poursuivre le sentier côtier et traverser les anciennes salines.

Elles ont été recreusées et remises en eau grâce à des vannes qui y maintiennent un niveau à peu près constant. L'observation d'oiseaux y est facilitée, le grenier à sel est bien conservé.

Aboutir à la D 186.

❹ La prendre à droite, franchir l'étier qui alimente les anciennes salines et monter vers le bourg *(à mi-côte, douet (lavoir) et fontaine de Kerhino, anciens communs de village).*

▶ A gauche, accès au dolmen du Mané Roc'h, situé sur un des plus hauts points de La Trinité (28 m). *Point de vue sur la baie de Quiberon.*

❺ Revenir par les ruelles des Guetteurs, de la Vigie, de la Caserne et du Vieux Puits. Gagner la mairie et retrouver le port.

À voir

En chemin
■ panoramas ■ grenier à sel et anciennes salines ■ dolmen de Ménez Roc'h

Dans la région
■ Kerhino : lavoir et fontaine

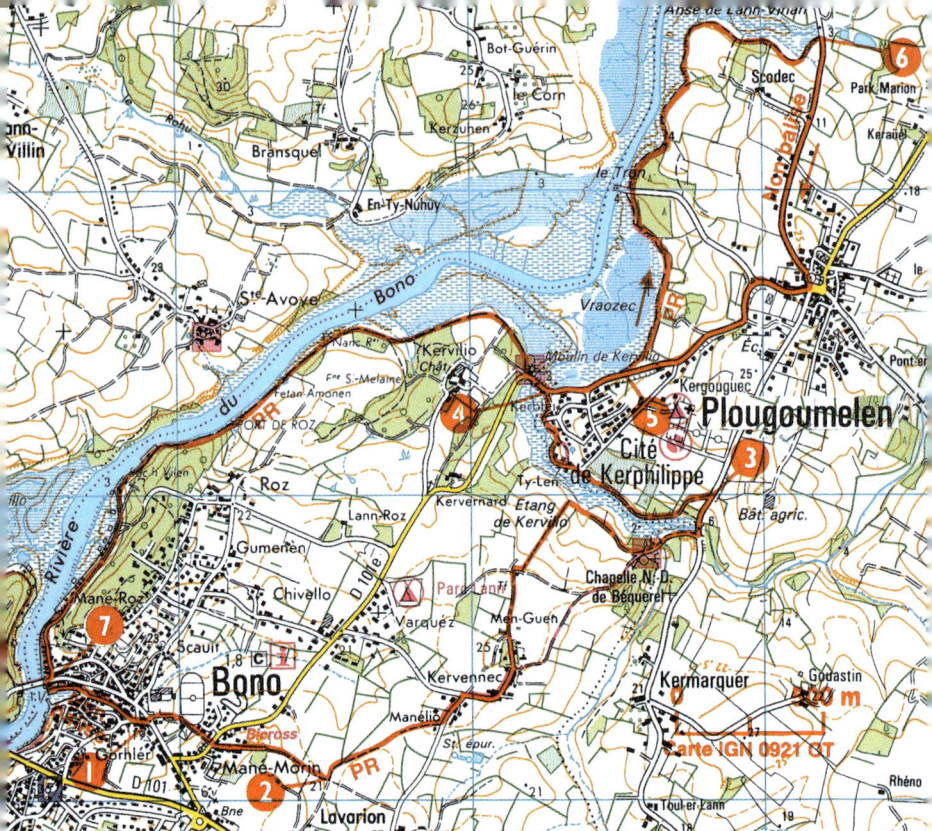

Le Bono

Ancien port de la commune de Plougoumelen, Le Bono ressemble à ces cartes postales de la Bretagne, et il est tentant de s'arrêter sur le pont moderne pour faire la photo. Quelques dizaines de mètres en dessous, il y a la colline, le petit village, le vieux pont suspendu en bois qui date de 1840, et puis le port actuel construit entre 1907 et 1916. C'est là que s'amarraient les " forbans ", petites embarcations à deux mâts, qui servaient à la pêche à la sardine. On en comptait plus d'une centaine au siècle dernier, serrés contre les pontons. A chaque retour de pêche, la cargaison était chargée sur des brouettes puis acheminée sur des marchés jusqu'à Auray. Aujourd'hui, les huîtres ont pris le relais. Elles constituent une activité très importante. La pêche miraculeuse a disparu et les " forbans " ne passent plus sous le vieux pont à l'entrée de la rivière du Bono.

Port du Bono. *Photo Yvon Boëlle.*

Notre-Dame de Béquerel

3 h
11 Km

Les bordures de la rivière du Bono rappellent un passé économique prospère et la chapelle Notre-Dame de Becquerel mérite la visite pour ses étranges sculptures Renaissance.

Aubépine monostyle.
Dessin Nathalie Locoste.

Situation Le Bono, à 5 km au Sud-Est d'Auray par les N 165 et D 101

Parking place de la Mairie

Balisage
❶ à ❸ marron
❸ à ❻ jaune
❻ à ❺ non balisé
❺ à ❼ jaune
❼ à ❶ non balisé

❶ Prendre à l'angle de la poste, le chemin qui longe le stade. Couper la route et suivre en face la rue Aristide-Briand qui devient un chemin.

❷ Au carrefour de chemins, tourner à gauche. Passer Manélio et emprunter à droite la route vers Kervennec et Men-Guen. Continuer par un chemin qui mène à la chapelle Notre-Dame de Béquerel. Prendre le chemin qui part du chevet de la chapelle. Suivre la route de Plougoumelen à gauche sur 150 m.

❸ S'engager à gauche sur le sentier côtier qui longe l'étang de Kervilio, jusqu'au pont.

❹ Emprunter la route à droite vers Plougoumelen sur 100 m.

❺ Partir à gauche sur le sentier côtier qui longe la rivière du Sal *(d'un sous-bois, vue sur la plage du Tron)*. Le sentier côtier suit l'anse de Lann Vihan.

❻ Prendre la route à droite, traverser Plougoumelen. Après l'église, suivre la route à droite, puis à gauche. Bifurquer à droite.

❺ Continuer la route.

❹ Se diriger à droite vers le moulin à marée de Kervilio. S'engager à droite sur le sentier côtier qui suit la rivière du Bono *(vue à gauche sur le château de Kervilio et sur la chapelle Saint-Avoye 16e située de l'autre côté de la rivière)*. Le sentier longe les anciens chantiers ostréicoles.

Point de vue sur le cimetière des bateaux, l'anse de Kerisper, le vieux pont suspendu. Ce dernier construit en 1840 sera refait à plusieurs reprises.

❼ Revenir à gauche au centre de Bono.

À voir

En chemin
■ Le Bono : vieux pont suspendu ■ chapelle Notre-Dame de Béquerel ■ moulin à marée de Kervilio (1455)

Dans la région
■ Pluneret : chapelle et jubé Sainte-Avoye ■ Port et quartier Saint-Goustan ■ Sainte-Anne-d'Auray

Carte IGN 0921 OT

La pêche à pied

Photo Yvon Boëlle.

Marée basse...L'estran (zone découverte par la marée) et les rochers regorgent de coquillages, de crustacés ou de petits poissons. Des coques posées sur le sable ou légèrement enfouies, des bigorneaux, des moules, parfois des huîtres, des crabes comme les étrilles ou les tourteaux (Attention ! ces derniers serrent très dur quand ils vous pincent), le lançon (petit poisson vif argent) ou encore les ormeaux. Mais soyez prudents ! le ramassage est très réglementé pour certaines espèces et les amendes sont lourdes. De plus certaines zones peuvent être polluées et interdites à toute forme de pêche. Renseignez-vous auparavant auprès des Offices de tourisme, des Syndicats d'initiative ou aux Points d'information.

Larmor, la « clef » du Golfe

Entre terre et mer, les îles et les roches du golfe se dévoilent les unes après les autres, puis disparaissent derrière une avancée du continent.

Situation Larmor-Baden, à 13 km au Sud-Est d'Auray par les N 165, D 101 et D 316

Parking place de l'Eglise

Balisage

❶ à ❷ non balisé
❷ à ❸ blanc-rouge
❸ à ❸ non balisé
❸ à ❻ blanc-rouge
❻ à ❼ non balisé
❼ à ❽ blanc-rouge
❽ à ❶ non balisé

❶ Contourner l'église, puis emprunter la rue du Raquiero et, sans descendre à droite, la rue du Verger. Plus loin, obliquer à gauche. A la croisée suivante, descendre à gauche.

Panicaut.
Dessin Nathalie Locoste.

❷ Partir à droite vers le rivage.

▶ Accès à l'île Berder *uniquement à marée basse*. Il est possible d'en faire le tour par un sentier en sous-bois. Vue sur le courant de « la Jument », deuxième d'Europe par sa puissance.

❸ Continuer à droite et gagner le port. S'engager sur le sentier près du *Point-Information* et de la billeterie du port qui dessert le cairn de Gavrinis. Retrouver le quai au fond du Port Lagaden. A l'extrémité du port, contourner une zone ostréicole par la droite.

❹ Partir à droite le long de la limite de propriété et aboutir à une route.

▶ A gauche, accès à la pointe du Berchis.

Descendre à droite vers Le Paludo. Tourner à gauche.

❺ Emprunter à droite le sentier côtier vers Locmiquel.

▶ A gauche, accès à la chapelle de Locmiquel par une petite route puis un sentier *(balisage blanc-rouge)*.

❻ Rejoindre à droite La Saline par une succession de petites routes intérieures.

❼ A l'entrée du hameau, tourner à droite sur une sente qui accède à la digue des marais. Sortir du marais par le chemin empierré.

❽ Bifurquer à droite puis à gauche pour revenir au bourg.

Difficulté particulière

■ l'île Berder n'est accessible qu'à marée basse (prévoir la durée du tour de l'île)

À voir

En chemin

■ île Berder ■ pointe du Berchis ■ chapelle de Locmiquel ■ étang et digue 18e de Pen en Toul

Dans la région

■ tumulus de l'île de Gavrinis ■ point de vue sur le Golfe ■ rivière d'Auray

Marée basse et marée haute

Liée à la gravitation universelle, la marée est un mouvement de va-et-vient du niveau de l'eau. Selon les déplacements de la lune par rapport à la position du soleil, les marées sont plus ou moins fortes. Elles sont graduées en coefficient de 0 à 120 et correspondent à l'amplitude entre le retrait et l'avancée de l'eau. Les plus grandes interviennent lors de l'équinoxe (21 mars et 23 septembre), et au moment du solstice (21 décembre et 21 juin). Les grandes marées donnent lieu à de forts courants marins notamment dans le golfe du Morbihan. Au Moyen Age, on avait réussi à exploiter les forces du flux en l'emprisonnant derrière les digues et en utilisant le reflux pour faire tourner les roues des moulins à marée.

Moulin à marée. *Photo Alexis Le Priellec.*

L'anse de Moustran

2 h 20
7 Km

Situation Port Blanc (commune de Baden), à 14 km au Sud-Est d'Auray par les N 165, D 101, D 316 et D 316a

Face à l'île aux Moines, les rives du Golfe réservent souvent d'agréables découvertes comme ce vieux châtaignier ou cette chapelle à la croisée des chemins.

P Parking
parking en retrait du port

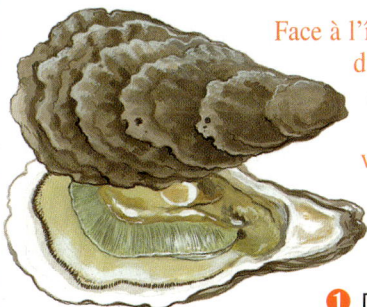

Huitre. Dessin Pascal Robin.

❶ Du parking en retrait du port, monter la petite route au Sud. Poursuivre sur le sentier côtier qui descend vers la base nautique.

Balisage

❶ à ❸	blanc-rouge
❸ à ❺	non balisé
❺ à ❻	blanc-rouge
❻ à ❼	non balisé
❼ à ❶	blanc-rouge

❷ Avant celle-ci, monter par un chemin empierré à droite. Prendre à gauche la route de desserte. A l'extrémité, tourner à gauche puis à droite et se diriger vers Kerdelan.

❸ Emprunter la route à droite jusqu'à Kerilio. Effectuer un crochet à gauche et descendre la petite route à droite.

❹ Descendre à droite vers la maison en pierres. S'engager sur le chemin qui part à droite de la propriété et rejoindre le sentier côtier.

▶ Raccourci possible en partant à droite sur le sentier côtier qui ramène à Port Blanc.

❺ Partir à gauche sur le sentier côtier.

❻ A la première chicane, monter à gauche. Suivre la route à droite puis à gauche et gagner la chapelle de Penmern. *Sa construction semble remonter au 15e siècle, elle était alors rectangulaire.*

▶ Accès à gauche par la route au moulin du Pont : point de vue sur l'anse du Moustoir.

❼ Après la chapelle, prendre la petite route à droite jusqu'à Bois Bas *(exemple d'habitation seigneuriale 15e)*. Dans le hameau, se diriger à gauche pour rejoindre le sentier côtier. Le suivre à droite.

❻ Continuer sur le sentier côtier.

❺ Poursuivre. Le sentier côtier passe près d'un chataîgnier remarquable *(12 m de circonférence à la base)* et regagne Port Blanc.

À voir

En chemin
- chapelle de Penmern
- point de vue ■ manoir 15e de Bois-Bas
- châtaignier remarquable

Dans la région
- Larmor-Baden : tumulus de l'île de Gavrinis ■ île Berder ■ point de vue sur le golfe

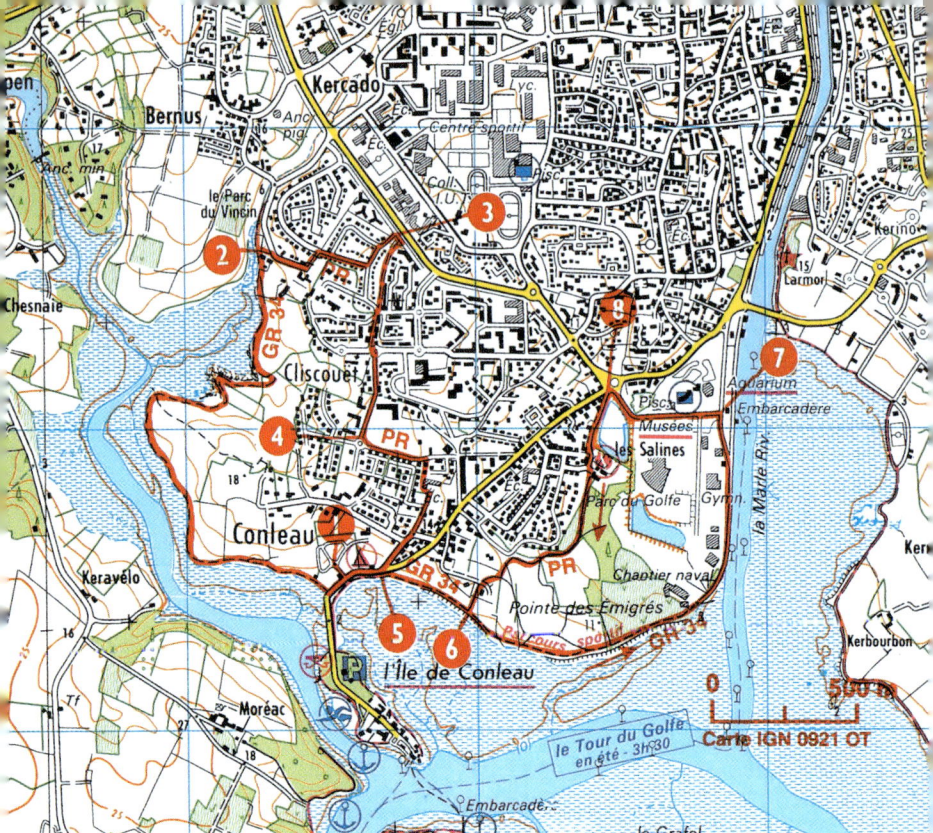

Saint Patern et le Tro Breiz

S aint Patern, premier évêque de Vannes, est l'un des sept saints fondateurs de la Bretagne.

Pour gagner son paradis, il fallait, disait-on à l'époque médiévale, avoir accompli, au moins une fois dans sa vie, le Tro Breiz. Les grandes étapes du Tro Breiz correspondent aux sept évêchés bretons : Saint-Brieuc, Saint-Malo, Dol-de-Bretagne (Saint Samson), Vannes (Saint Patern), Quimper (Saint Corentin), Saint-Pol-de-Léon (Saint Paul-Aurélien), Tréguier (Saint Tugdual). Le pèlerinage (600 km environ) devait être accompli pendant l'une des quatre périodes dites " les temporaux ", c'est-à-dire Pâques, Pentecôte, Saint-Michel (29 septembre) et Noël. Tombé dans l'oubli, le Tro Breiz est redevenu un itinéraire apprécié par les randonneurs. Chapelles, fontaines, croix, calvaires, bornes et pierres historiées, etc. rappellent le cheminement des pèlerins d'antan.

Pèlerin sur le Tro Breiz.
Photo Yvon Boëlle.

Les rives de Vannes

**3 h
10 Km**

Vannes « eau douce », à l'embouchure de la rivière du Vincin ou Vannes « salée » côté mer ? Au cœur du Golfe, la ville conjugue l'élégance et le caractère au bord de sa côte dessinée par les flots.

Pipit maritime. *Dessin Pascal Robin.*

Situation Vannes (quartier du Conleau), à 17 km à l'Est d'Auray par la N 165

Parking du Conleau

Balisage

❶ à ❷ blanc-rouge
❷ à ❺ non balisé
❺ à ❼ blanc-rouge
❼ à ❻ non balisé
❻ à ❶ blanc-rouge

❶ Suivre la route d'accès à l'île de Conleau *(dont il est possible d'effectuer le tour à pied).* Emprunter, à partir du camping, le chemin de promenade en bordure de la rivière du Vincin.

❷ Virer à droite et monter sur la route en épingle *(manoir de Kercado).* Suivre le chemin bordé d'arbres à gauche puis la route à droite et la rue de l'Ile-Baliran à gauche.

❸ Juste avant le boulevard, partir à droite par un chemin de terre bordé d'arbustes. Passer le croisement puis le rond-point.

❹ Tourner à gauche, traverser le lotissement et poursuivre sur le chemin des Aubépines. Au rond-point, suivre la route à droite sur 50 m, monter la route face à l'immeuble et continuer sur le chemin de graviers à gauche le long du grillage. S'engager sur le sentier qui contourne l'école puis sur la route qui descend vers le parking.

❺ Emprunter à gauche le sentier sportif.

❻ Poursuivre le sentier sportif puis la promenade qui longe le golfe jusqu'à la gare maritime.

❼ Tourner à gauche, passer devant l'aquarium jusqu'au rond-point.

❽ Tourner à gauche, emprunter le chemin empierré et traverser le lotissement .

❻ Partir à droite sur la sente empierrée qui ramène au parking.

À voir

En chemin
■ manoir de Kercado

Dans la région
■ Vannes : aquarium, musée de la Préhistoire, la ville et les vieux quartiers

Noyalo

A Noyalo, on peut voir le manoir de l'Isle. C'est une ancienne maison noble particulièrement bien rénovée qui date du 16e siècle. Elle est constituée d'un logis central et de deux ailes plus basses. Le bâtiment principal est surmonté de deux lucarnes en pierres.

A quelques pas de là, la rivière de Noyalo. On y retrouve des hérons, bernaches, canards, tadornes de belon, aigrettes garzette, mouettes et goélands, et des échasses blanches. Les marais sont un vrai garde-manger pour les hérons cendrés et les aigrettes. Bien que nichant sur les îles du Golfe dans des nids installés au sommet des arbres, ils viennent dans les vasières et les marais pour trouver anguilles, crabes verts, gobies, crevettes et petits poissons afin de nourrir leurs poussins.

Vasières de Noyalo. *Photo Yvon Boëlle.*

De villages en hameaux typiques, de moulins à marée en fontaines, sans oublier l'Isle que les flâneurs prendront le temps de découvrir...

Tadorne de Belon. *Dessin Pascal Robin.*

❶ Franchir le pont près du moulin à marée. Prendre à gauche le chemin aménagé sur 500 m.

❷ A la bifurcation, descendre à droite vers Penher. Traverser le bourg. Au cimetière (croix chouanne), partir à droite vers la fontaine du Fuéhu. Contourner la mare et suivre à gauche un large chemin qui aboutit à la D 7. L'emprunter à droite sur 500 m.

❸ Continuer la route. A l'intersection, sans traverser, poursuivre sur 100 m et passer par le tunnel. Monter à droite vers Cléguer.

❹ Prendre le chemin à gauche. Atteindre Bourgerel. Aller à droite et, dès le virage, s'engager à gauche sur un chemin, puis descendre à droite vers le hameau de L'Isle.

❺ Gagner le hameau *(manoir)* et poursuivre jusqu'au bord de la mer.

▶ Accès à l'île par une digue.

❻ Revenir par l'itinéraire emprunté à l'aller jusqu'au repère ❸.

❸ Au tranformateur, emprunter le chemin à droite. S'orienter au Nord. Suivre la D 195 à droite, puis prendre un chemin à gauche. Atteindre Quélennec.

❼ Utiliser la route à gauche, puis la D 195 à droite *(fontaine Neuve)*. Obliquer à droite sur le chemin du Loriot. Bifurquer sur le chemin à gauche.

❷ Poursuivre en face sur le chemin emprunté au départ.

3 h — 10 Km

Situation Noyalo, à 9 km au Sud-Est de Vannes par les D 779 et D 780

Parking pont du moulin à marée

Balisage
❶ à ❷ blanc-rouge
❷ à ❸ bleu
❸ à ❺ blanc-rouge
❺ à ❻ bleu
❻ à ❺ bleu
❺ à ❶ blanc-rouge

Ne pas oublier

À voir

En chemin
■ moulin à marée
■ croix chouanne ■ fontaine du Guéhec (1869)
■ L'Isle : hameau pittoresque
■ fontaine Neuve (1760)

Dans la région
■ vue sur le Golfe
■ exploitations ostréicoles
■ château de Suscinio

Comment déguster les huîtres ?

*I*l faut d'abord se débarrasser de l'idée de ne consommer des huîtres que pendant les mois en R. Rapidité des transports et progrès dans l'élevage ont eu heureusement raison de cette idée qui, de plus, priverait les randonneurs de déguster la production locale durant la saison estivale !

Certains les dégustent nature, d'autres avec un filet de citron ou du vinaigre à l'échalote.
Un point reste soumis à contestation : faut-il servir les huîtres sur un lit de glace pilée ? Selon certains, cela casserait le goût et selon d'autres cela le grandirait. Difficile de s'y retrouver. Le Comité national de la conchyliculture propose un compromis : un lit de glace pilée surmontée d'un lit d'algues fraîches, qui " amortit " le froid.

Parcs à huîtres. *Photo Yvon Boëlle.*

114

Tous les chemins creux mènent encore aux fontaines en passant, bien entendu, par les vestiges de la voie romaine Vannes - Port Navalo...

Chevalier gambette.
Dessin Pascal Robin.

2 h
6 Km

Situation Le Hézo, à 16 km au Sud-Est de Vannes par les N 165 et D 780

🅿 **Parking** du bord du Golfe

🖌 **Balisage** bleu

⚠ **Difficulté particulière**
■ chemins humides en hiver

❶ Prendre la route principale au Sud-Est et partir au Nord-Est sur le chemin des Barbizons. Poursuivre sur le chemin de terre en face du pont des Barbizons et rejoindre Kerfontaine. Continuer à droite sur la route d'accès *(vestiges de la voie romaine Vannes - Port Navalo)*. Franchir la D 780, puis la longer côté Est.

▶ En période hivernale, il est préférable d'utiliser la variante du Poulho (côté Ouest de la D 780) à cause de l'humidité des chemins.

❷ Près de l'extrémité du délaissé de route, emprunter le chemin creux à gauche puis la route à droite sur 50 m. Tourner à gauche et s'engager sur le chemin creux qui monte à droite à partir de l'angle de la route. Descendre le chemin creux jusqu'à Lezuis *(fontaine)*. Suivre la route à gauche jusqu'à l'étang.

❸ Se diriger à droite par l'allée aménagée en lisière de bois.

❹ Au Clos Salomon, suivre à droite l'allée de chênes, bordée par l'ancien *Mur du Roy*. Passer sous une ancienne voie ferrée et prendre le chemin de Toul Pizienne qui mène à Villeneuve *(fontaine)*.

▶ En période hivernale, il est préférable d'utiliser la D 199 à cause de l'humidité des chemins.

Dans le hameau, emprunter la route à droite.

❺ Obliquer à gauche sur la D 310 vers Le Hézo. Longer l'étang du Hézo et son moulin à marée. *En activité jusque dans les années 50, il possédait deux roues extérieures.*

❻ Juste avant l'église, partir à droite avant la maison, sur le chemin creux du Coty qui descend à une fontaine. Rejoindre le point de départ en allant à gauche dans le lotissement.

À voir

🌼 **En chemin**
■ vestiges de la voie romaine de Kerfontaine
■ fontaine de Villeneuve
■ Le Hézo : moulin à marée 13e, église Saint-Vincent (vitrail)

🌊 **Dans la région**
■ château de Sucinio ■ l'île Tascon ■ vue sur le Golfe ■ exploitations ostréicoles

La salicorne (Salicorvinia europaea)

De la famille des chenopodia- cées, la salicorne ne pousse que sur les terrains salés : vasières, marais salants littoraux ou continen- taux, étiers. A l'automne elle les pare de sa jolie teinte rouge corail. Elle est réapparue sur nos tables il y a quelques années. Les grands chefs l'apprécient ! C'est l'espèce annuelle et herbacée qui est utilisée en condi- ment. L'autre espèce est vivace et à souche ligneuse. La cueillette a lieu généralement en juin et nécessite soin et habileté. Préparée dans du vinaigre, la salicorne accompagne charcuterie et viandes froides, mais aussi coquillages, poissons et raclette. Riche en vitamine C (et aussi D et A) elle était déjà appréciée jadis par les marins, qui la conservait dans du sel. Elle les aidait à lutter contre le scorbut. Elle fut utilisée au Moyen Age pour la fabrication de la soude.

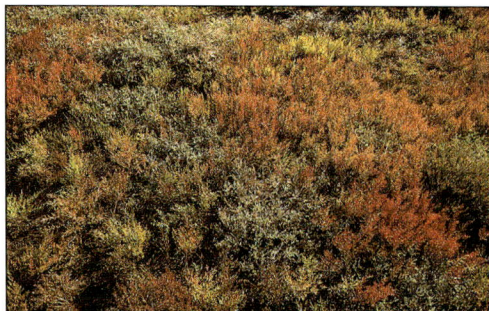

Couleurs de salicorne. *Photo Yvon Boëlle.*

3 h 15 • 13 Km

> Ce rendez-vous des oiseaux migrateurs est protégé. De nombreux ornithologues viennent y étudier les différentes espèces de passage sur le Golfe.

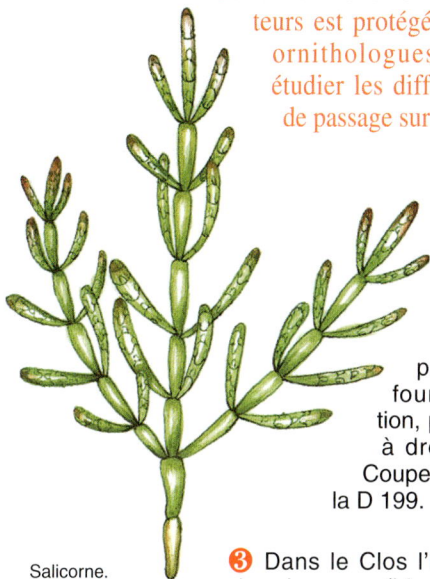

Situation Saint-Armel, à 15 km au Sud de Vannes par les D 779 et D 780

P **Parking** à l'entrée de l'île Tascon

Balisage

1 à **2** blanc-rouge
2 à **6** bleu
6 à **6** blanc-rouge
6 à **1** blanc-rouge

❶ Suivre au Sud la petite route vers Lasné.

❷ A Lasné, passer un carrefour. A la bifurcation, prendre la route à droite (Sud-Est). Couper la D 780 puis la D 199.

Salicorne.
Dessin Nathalie Locoste.

❸ Dans le Clos l'Evêque, l'itinéraire zigzague *(bien suivre le balisage)*.

❹ Tourner à gauche sur le chemin qui mène à La Villeneuve. Couper la D 780 et l'ancienne route de la presqu'île.

▶ A gauche, bourg pittoresque de Saint-Armel.

❺ A La Villeneuve, se diriger à droite vers le Pusmen par le sentier qui borde les anciens marais salants. Dans le Pusmen, poursuivre à droite de long du marais pour éviter une partie de la D 199. Rejoindre la D 199.

❻ Effectuer le tour de la presqu'île du Passage en prenant la D 199 au début. *Points de vue sur le golfe.*

▶ Un service de passage est mis en place durant la période estivale entre le Passage (Saint-Armel) et Bot Spernen (Séné).

❻ Après la boucle, emprunter le sentier côtier à droite. Il ramène au point de départ.

À voir

En chemin

■ anciens marais salants de Lasné ■ Saint-Armel : bourg pittoresque ■ prequ'île du Passage

Dans la région

■ château de Sucinio ■ vue sur le golfe ■ exploitations ostréicoles ■ l'île Tascon

Rhuys, pays de vigne

Ancienne publicité pour l'eau de vie de Rhuys. *Photo Yvon Boëlle.*

Le climat doux et un bon ensoleillement permirent à la vigne de croître dans la presqu'île. Pas question de rivaliser avec les grands crus. La production répondait aux besoins locaux. Le vin de Rhuys était aussi connu à Vannes et sur tout le territoire breton. Les barriques partaient du port de Banastère, avec le sel en provenance des salines voisines. C'est à la fin du 19e siècle que la viticulture prit réellement son essor avec la création d'une distillerie. La " fine de Rhuys " relança la production. Mais le phylloxéra vint, puis la guerre de 1914. Les bras disponibles pour travailler la vigne partirent sur le front.

Le vin de Rhuys a vécu, quelques plants ont subsisté dans quelques propriétés, comme le dicton : "Rhuys autrefois pays de vigne attendait la Saint-Martin pour boucher le vin ".

Boucle de Sarzeau

3 h · 9 Km

Châteaux, fermes anciennes et villages aux maisons en pierre se nichent dans cette bande de terre verdoyante, entre golfe et mer.

❶ De l'église, descendre la rue Saint-Vincent. Obliquer à droite rue des Marronniers, puis à gauche route de Calzac. Franchir la D 780 par un passage souterrain.

▶ A gauche, vieux hameau de Coffournic avec son petit four et sa mare.

Gagner Calzac Bas. S'engager sur un chemin à gauche sur 200 m. A la fourche, bifurquer à gauche *(vue sur le château de Suscinio)*.

❷ Prendre la D 198 à gauche et partir à droite au calvaire. Suivre l'ancienne voie ferrée, d'abord en lisière d'un bois, sur 1,5 km. Emprunter la route à gauche.

❸ Aller à gauche. Négliger une voie goudronnée et arriver à l'angle du domaine de Kerlévenan. Prendre un chemin qui longe le mur.

▶ Passage marécageux : pour l'éviter, à la hauteur de Kerhouët - Saint-Colombier, prendre à gauche vers Bodenay et Kerfraval, tourner à droite puis à gauche pour retrouver le circuit.

Suivre la route à gauche, puis utiliser la buse qui passe sous la D 780. En face, gagner Duer.

❹ Obliquer à gauche et rejoindre le bord de l'eau. Longer le littoral à gauche.

▶ Attention ! à marée haute de fort coefficient, ce passage peut être difficile.

Un sentier monte entre la propriété du château de Kergeorget et de beaux chênes verts. *Il est possible de distinguer, à proximité du rivage, les substructions d'une dépendance ruinée du domaine. Observation des oiseaux, nombreux, surtout en hiver. De grandes concentrations d'oies bernaches s'y rassemblent.*

❺ Suivre à gauche la route qui conduit à Kerbodec.

❻ Obliquer à gauche, couper la route. Un peu plus loin, au calvaire, rejoindre la ferme de Coqueno *(large puits)*.

❼ S'engager sur un chemin bordé de chênes qui mène près du groupe scolaire Marie Le Franc. Regagner l'église.

Situation Sarzeau, à 22 km au Sud de Vannes par les D 779 et D 780

Parking près de l'église

Balisage
❶ à ❹ bleu
❹ à ❻ blanc-rouge
❻ à ❶ bleu

Difficulté particulière
■ chemin marécageux entre ❸ et ❹ ■ passage délicat par grande marée haute entre ❹ et ❺

Ne pas oublier

À voir

En chemin
■ château de Kerlévenan
■ château de Kergeorget

Dans la région
■ château de Suscinio
■ château de Truscat
■ abbatiale Saint-Gildas
■ Kerguet : musée des Vieux Métiers ■ Arzon : tumulus du Petit-Mont

INDEX DES NOMS DE LIEUX

Compogravure : MCP, Orléans

Impression : Oberthur Graphique à Rennes

1ère édition : février 2000

© Fédération Française de la Randonnée Pédestre / ISBN 2-85-699-781-3 / © IGN XX

Dépôt légal : avril 2005